于漪 主编

"青青子衿"传统文化书系

忠孝仁义

李建生 编著

山西出版传媒集团

山西教育出版社

图书在版编目（CIP）数据

忠孝仁义/李建生编著. —太原：山西教育出版社，2016．5（2022．6重印）
（"青青子衿"传统文化书系/于漪主编）
ISBN　978-7-5440-8345-4

Ⅰ. ①忠… Ⅱ. ①李… Ⅲ. ①中华文化-通俗读物　Ⅳ. ①K203-49

中国版本图书馆 CIP 数据核字（2016）第 065523 号

忠孝仁义
ZHONGXIAO RENYI

责任编辑	谢笋梅
复　审	冉红平
终　审	张大同
装帧设计	薛　菲　孟庆媛
印装监制	蔡　洁

出版发行 山西出版传媒集团·山西教育出版社
　　　　　　（太原市水西门街馒头巷 7 号　电话：：0351-4729801　邮编：030002）
印　装 北京一鑫印务有限责任公司
开　本 889×1194　1/32
印　张 8.5
字　数 182 千字
版　次 2016 年 5 月第 1 版　2022 年 6 月第 2 次印刷
印　数 8 001—11 000 册
书　号 ISBN　978-7-5440-8345-4
定　价 48.00 元

如发现印装质量问题，影响阅读，请与印刷厂联系调换。电话：010-61424266

序言

　　文化是民族的血脉，是人的精神家园。

　　一颗没有精神家园的心灵，就会浮游飘荡，既不可能潜心思考自己生命的意义与价值，也不可能对他人有真挚的情感关切，更不可能对社会有发自肺腑的责任感。

　　中华传统文化源远流长，其中的优秀遗产积淀着中华民族最深层的精神追求，代表着中华民族独特的精神标志，为中华民族生生不息发展壮大提供了丰厚滋养。地哺育了一代代中华优秀儿女，支撑他们成为中国的脊梁。

　　成长中的青少年认真汲取其中的精华和道德精髓，就会长智慧，明方向，增力量，懂得自己根在何处，魂在何方。经典法在时间的深处，价值延续，在文字海洋里奔腾。《"青青子衿"传统文化书系》助你发现其中蕴含的优秀文化基因，探寻当下时代的使命，让您有渴饮琼浆的快乐，醍醐灌顶的惊喜。

　　　　　　　　　　　　　于漪 2015年岁末

20 × 20 = 400

第　页

前 言

　　中国在几千年的发展中，逐渐形成了自身的优秀传统文化。它贯穿于中国人的价值观念、思维方式、风俗习惯、道德礼仪等各个方面，并通过改造融入中华民族精神和时代精神之中。我们从中华优秀传统文化中提炼出"精忠爱国""仁者爱人""孝悌无违""见利思义""诚信为本""谦和好礼""行己有耻""包容会通"这八种精神，并以"忠孝仁义"统摄以上八种精神。不仅因为"忠孝仁义"突显了儒家文化对中华优秀传统文化的积极影响，更由于"忠孝仁义"乃儒家文化所倡导的"仁""义""礼""智""信""忠""和""恕""廉""耻"等观念的核心要素。"忠孝"是立国与立家之根本，"忠"是立国之本，"孝"是立家之本。"忠孝"二字，支撑着家庭、民族以至于整个国家的"大厦"，如同"四根柱子"，屹立不倒，否则家国大厦将倾。"仁义"是为人最基本的德行，"仁"就是以人为本，富有爱心，"义"就是坚持正义，保持节操。一个人行于世，与人交往，就必须富有仁爱之心，坚持正义，守住最基本的道德底线。

本书所选"精忠爱国"的故事，主要表现了主人公热爱祖国、忠于职守的精神与节操。即使故事的主人公身上带有忠君思想，也从"爱国"的角度加以阐发与揭示，把忠君延伸为爱国。

所选"仁者爱人"的故事，主要从"仁心"和"仁政"这两个层面揭示"爱人"的内涵。前者指为人的道德境界，后者强调为君的治国方略。其中"仁心"的故事又有三个层面：一是对亲人的热爱，二是对世人的关爱，三是对人性原则的坚守。

所选"孝悌无违"的故事，不仅表现了主人公对父母的尊敬顺从，而且表现出主人公尊老敬贤的意识，唯其如此，社会文明才能进步。当然，这需要我们正确地看待孝悌观念和推崇孝道孝行的行为，真正做到弘扬中华优秀传统文化。

所选"见利思义"的故事，从正义、正直、公正、中正等方面诠释了"义"的实质即为"正"。其中，有处在不公正境遇中能做到大义凛然、不向邪恶势力低头的故事，在遇到不公平的事情时能仗义执言、坚持正义的故事，在别人遇到危难需要帮助时能见义勇为、施以援手的故事，为践行崇高的理想能不畏艰险、义无反顾的故事。

所选"诚信为本"的故事，有的表现为诚实无欺，如"曾子杀猪明不欺""商鞅变法立木信"等，有的表现为相互信任，如"范式与友言有信""夫妻守约镜重圆"等，还有的表现为信守承诺，如"季札挂剑不欺心"等，从不同侧面揭示了"诚信"的精神内核。

所选"谦和好礼"的故事，展现了"礼义"作为伦理规范，其内容的复杂性：有的强调作为伦理制度和伦理秩序的"礼制""礼教"，有的体现作为待人接物形式的"礼节"，有的属于个体修养涵养的"礼貌"，有的故事则表现为"礼让"。

所选"行己有耻"的故事，表现了各个时代主人公身上的羞耻之心、行己有耻和有所不为的精神，同时，也有部分反面的故事，鞭挞了历史上那些卑劣无耻的行径和丑陋的嘴脸，目的是以"无耻"衬"有耻"，强调"知耻"的重要意义。

所选"包容会通"的故事，表现了主人公身上宽广的胸怀、开阔的眼界，同时也展现了包容万物、兼收并蓄、融会贯通等精神和气度。

文明进化到现代社会，是非、善恶、美丑的界限似乎有些模糊，社会舆论愈来愈担忧青少年的道德滑坡、品格沦丧。在这样的背景下，这本《忠孝仁义》对于传承中华五千年的德教精神，倡导基本的道德规范，促进良好社会风气的形成与发展，就具有非常及时和深远的意义。

目 录

第一章　精忠爱国

◎ **文化典籍**　*:: 001*

　一　孔子论"忠"　*:: 001*

　二　孟子议"忠"　*:: 003*

　三　王安石说"忠"　*:: 006*

　四　弦高机智救国　*:: 007*

　五　屈原自投汨罗　*:: 010*

　六　李广竭诚尽忠　*:: 012*

　七　苏武牧羊不屈　*:: 016*

　八　李善知恩乳主　*:: 019*

九 祖逖闻鸡起舞 :: 022

十 岳飞精忠报国 :: 024

十一 范仲淹有志天下 :: 027

◎ **文化倾听** :: 028

◎ **文化传递** :: 030

◎ **文化感悟** :: 033

第二章　仁者爱人

◎ **文化典籍** :: 035

一 孔子论"仁" :: 035

二 孟子议"仁" :: 038

三 柳宗元说"仁" :: 040

四 商汤网开三面 :: 042

五 子产为相施仁爱 :: 044

六 仁人贤相孙叔敖 :: 046

七 龚遂"缓"治渤海郡 :: 049

八 魏母爱前妻之子 :: 052

九 乐羊子妻巧劝夫 :: 055

十 唐太宗安人之道 :: 057

十一 周济以仁心为政 :: 059

◎ **文化倾听** :: 061

◎ **文化传递** :: 065

◎ **文化感悟** :: *068*

第三章　孝悌无违

◎ **文化典籍** :: *069*

一　孔子论"孝" :: *069*

二　孟子谈"孝" :: *072*

三　《孝经》说"孝" :: *075*

四　缇萦上书赎父刑 :: *079*

五　子长承志作史书 :: *081*

六　薛包洒扫回亲心 :: *083*

七　赵孝争死救胞弟 :: *085*

八　李密辞官尽孝心 :: *087*

九　芳容负骨归葬父 :: *089*

十　江革苦读遂父愿 :: *092*

十一　岳飞孝亲忠君国 :: *094*

◎ **文化倾听** :: *095*

◎ **文化传递** :: *098*

◎ **文化感悟** :: *101*

第四章　见利思义

◎ **文化典籍** :: *102*

一　孔子论"义" :: *102*

二 孟子议"义" :: 104

三 陆贾说"义" :: 106

四 身在曹营心在汉 :: 108

五 李膺慷慨勇赴死 :: 110

六 聂政舍身谢知己 :: 113

七 魏乳母守忠死义 :: 116

八 王忳埋金彰德义 :: 118

九 武训行乞办义学 :: 121

十 冯谖市义焚券契 :: 124

十一 髯樵贱薪殴秦桧 :: 127

◎ **文化倾听** :: 129

◎ **文化传递** :: 131

◎ **文化感悟** :: 135

第五章　诚信为本

◎ **文化典籍** :: 136

一 孔子论"信" :: 136

二 孟子议"诚信" :: 138

三 魏徵说"诚信" :: 139

四 曾子杀猪明不欺 :: 141

五 商鞅变法立木信 :: 142

六 军无戏言斩王姬 :: 144

七 季札挂剑不欺心 :: 146

八 范式与友言有信 :: 148

九 夫妻守约镜重圆 :: 150

十 建昌郡人贾无欺 :: 151

十一 失信于人害人己 :: 154

◎ **文化倾听** :: 156

◎ **文化传递** :: 159

◎ **文化感悟** :: 162

第六章　谦和好礼

◎ **文化典籍** :: 163

一 孔子论"礼" :: 163

二 孟子议"礼" :: 166

三 董仲舒说"礼" :: 167

四 乐者中和之纲纪 :: 168

五 中山君礼招祸福 :: 171

六 晏婴惜贤常自下 :: 173

七 将相言和为交欢 :: 176

八 张良拾履得兵法 :: 178

九 夫妻恩举案齐眉 :: 180

十 陈蕃下榻责孝子 :: 183

十一 杨时诚心门立雪 :: 185

◎ **文化倾听** :: 187

◎ **文化传递** :: 190

◎ **文化感悟** :: 194

第七章　行己有耻

◎ **文化典籍** :: 195

一　孔子论"耻" :: 195

二　孟子议"耻" :: 197

三　顾炎武说"耻" :: 200

四　勾践困卧薪尝胆 :: 202

五　太史隐忍著信史 :: 205

六　李陵遭围降匈奴 :: 207

七　周处知耻改自新 :: 209

八　文山有为隐忍行 :: 211

九　晏婴尚俭拒新车 :: 214

十　杨震公廉拒私谒 :: 216

十一　温公训俭示子康 :: 217

◎ **文化倾听** :: 220

◎ **文化传递** :: 222

◎ **文化感悟** :: 225

第八章　包容会通

◎ **文化典籍** :: 227

　一　孔子论"和恕" :: 227

　二　孟子议"和恕" :: 229

　三　曾国藩说"敬恕" :: 231

　四　鲍叔大度荐管仲 :: 233

　五　白圭经商有所长 :: 235

　六　蒙正不喜记人过 :: 237

　七　太宗"五事"治天下 :: 239

　八　沈括博学著笔谈 :: 241

　九　东吴四杰相汲引 :: 243

　十　郑和西洋播文明 :: 245

　十一　国父笃志纾时艰 :: 248

◎ **文化倾听** :: 250

◎ **文化传递** :: 252

◎ **文化感悟** :: 256

第一章 精忠爱国

一 孔子论"忠"

【原文选读】

论交友

子贡①问友。子曰:"忠告而善道②之,不可则止,毋自辱焉③。"

(《论语·颜渊》)

樊迟问仁。子曰:"居处恭,执事敬,与人忠;虽之夷狄,不可弃也。"

(《论语·子路》)

论事君

定公④问:"君使臣,臣事君,如之何?"孔子对曰:"君使臣以礼,臣事君以忠。"

(《论语·八佾》)

论治民

季康子⑤问:"使民敬、忠以⑥劝,如之何?"子曰:"临之以庄⑦则敬,孝慈则忠,举善而教不能则劝。"

(《论语·为政》)

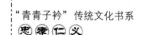

子张问政。子曰:"居之无倦,行之以忠。"

(《论语·颜渊》)

注释:

①子贡:孔子弟子,以下樊迟、子张皆孔子弟子。

②道:引导。

③毋自辱焉:意思是(如果不听劝告也就罢了)不要自取其辱。

④定公:鲁国的国君。"定"是谥号。

⑤季康子:季孙肥,鲁哀公时的正卿,是当时最有权力的政治人物。"康"是谥号。

⑥以:连词,和。

⑦庄:严肃认真。

【文意疏通】

"忠"字在《论语》中共出现了18次。而《论语》中的"忠"基本以交友、事君和治民这三类形式出现。以上各则的大概意思如下:

子贡问交友之道。孔子说:"对待朋友,要忠诚地劝告他,恰当地引导他,如果他不听也就罢了,以免自取其辱。"

樊迟问何为仁。孔子说:"仁就是要做到日常起居端庄有礼,做事严肃认真,待人能诚心实意;即使到了偏远蒙昧的地方,也不可废弃这些做法。"

鲁定公问道:"君主差使臣子,臣子侍奉君主,各自应该怎样做?"孔子回答说:"君主任用臣子应该按照礼(规范或制度)来办,臣子服侍君主应该尽心竭力。"

季康子问道:"要使百姓敬顺、忠诚又勤勉,应该怎样做呢?"

孔子说："如果当政者对待百姓庄重，百姓自然就会敬顺；对待父母孝顺，百姓自然就会忠诚；提拔好人，教导能力不足的人，百姓自然就会勤勉。"

子张问如何治理政事。孔子说："居于官位不懈怠，执行君令要尽心竭力。"

【义理揭示】

"忠"是《论语》中的重要概念。忠者，即忠诚无私、尽心竭力。也就是说，"忠"的基本意思是"尽心竭力"。对待朋友，既要讲信用，也要尽心竭力。如果朋友犯了错误，要开诚布公地劝导他，推心置腹地讲明利害关系，如果对方坚持不听，也就作罢，这是交友的一个基本准则。侍奉国君，则要尽心尽职为国效力。对待百姓，则不可懈怠，要以身作则，身先士卒，这样方能引导百姓尽心效力。

孔子所倡导的"忠"有相当积极的一面，不仅是传统文化的主要内容，也是中华民族人格的主要内容；不仅在过去的历史中起着进步作用，在今天也仍然是我们需要发扬光大的传统美德。

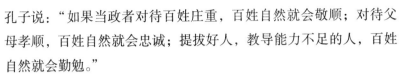

二 孟子议"忠"

【原文选读】

教人以善谓之忠。 （《孟子·滕文公上》）

非之无举也，刺之无刺也，同乎流俗，合乎污世，居之似忠信，行之似廉洁，众皆悦之，自以为是，而不可与入尧舜之道①，

故曰"德之贼②"也。　　　　　　　　　　　　　（《孟子·尽心下》）

为人臣者怀仁义以事其君。　　　　　　　　　　（《孟子·告子下》）

欲为君，尽君道；欲为臣，尽臣道。二者皆法尧舜而已矣。不以舜之所以③事尧事君，不敬其君者也；不以尧之所以治民治民，贼其民者也。　　　　　　　　　　　　　　　　　（《孟子·离娄上》）

君之视臣如手足，则臣视君如腹心；君之视臣如犬马，则臣视君如国人；君之视臣如土芥，则臣视君如寇雠④。（《孟子·离娄下》）

注释：

①与入尧舜之道：意思是同其一起学习尧舜之道。

②德之贼：意为戕害道德的人。贼，戕害。

③所以：用来……的。

④寇雠（chóu）：仇敌，敌人。

【文意疏通】

一部《孟子》有 3.5 万余言，是《论语》总数的近 3 倍。可是，《孟子》里的"忠"字还不及《论语》的 1/2，仅有 8 个。从这些统计数字可以看出，孟子不像孔子那样重视"忠"。再从意义上看，《孟子》里的"忠"字，几乎都是"忠厚""真诚"的意思。比如选文前两则：

把善良教给别人叫做忠。

（这种人）要批评他，却举不出具体事例来；要指责他，却又觉得没什么能指责的；和颓靡的习俗、污浊的社会同流合污，平时似乎忠厚老实，行为似乎很廉洁，大家都喜欢他，他也自认为不错，但是却不能同他一起学习尧舜之道，所以说是"戕害道德的人"。

"臣事君以忠"，是孔子在侍奉国君问题上的基本观点。这一观点为后代儒家所推崇和发挥，而被世人称为"亚圣"的孟子，对此却置之不理。他认为（选文后三则）：

做臣子的存有仁义之心来侍奉他的国君，为国君做事。

要做国君就应尽国君之道，要做臣属就应尽臣属之道。这两者都是效法尧、舜而已。不以舜侍奉尧的做法来侍奉君主，就是不敬奉自己的君主；不以尧治理民众的做法来治理民众，就是残害自己的民众。

君主把臣子看作自己的手脚，那臣子就会把君主看作自己的腹心；君主把臣子看作犬马，那臣子就会把君主看作一般人；君主把臣子看作泥土草芥，那臣子就会把君主看作仇敌。

【义理揭示】

前面说道，《论语》中的"忠"涉及的范围比较广，在如何侍奉国君、待友，怎样行政、治民方面，孔子都用"忠"作了回答。此外，"忠"还是成仁、做人的准则。综观《论语》里孔子对"忠"的论述，"忠"的意义大概可以分为两类：第一类是真诚的意思，第二类是忠于君主的意思。前者属于伦理范畴，后者则属于政治范畴。孟子对"忠"的解释，是从孔子所言"忠"的第一类意思引申而来。而在君臣关系问题上，孟子的论述也不同于孔子。虽然在这种关系中，仍是以君为主动，臣为被动，但已经不是孔子所主张的"使"和"事"的关系了。也就是说，臣对君不是唯命是从，而是能对君主作出适当反应的人，君对臣如何，臣对君的态度也会随之变化。

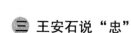
三 王安石说 "忠"

【原文选读】

论者或以为事君，使之左则左，使之右则右，害有至于死而不敢避，劳有至于病而不敢辞者，人臣之义也。某窃以为不然。上①之使人也，既因②其材力之所宜，形势之所安，则使之左而左，使之右而右，可也。上之使人也，不因其材力之所宜，形势之所安，上将无以报吾君，下将无以慰吾亲。然且左右唯所使，则是无义无命，而苟悦③之为可也。害有至于死而不敢避者，义无所避之也；劳有至于病而不敢辞者，义无所辞之也。

（选自《唐宋八大家文集·上曾参政书》）

注释：

　①上：上级。

　②因：根据，依据。

　③苟悦：苟且取悦。

【文意疏通】

有人认为侍奉国君，为了国家大事，您派他向左就向左，派他向右就向右，害处大到会死也不敢回避，劳累到了有病也不敢推辞，这是人臣的信义。我认为不是这样。上级使用人才，应该按照他们的才干和天下的形势的要求，据此让他向左就向左，向右就向右，这是可以的。上级如果不按照人的才干和形势的要求来使用人才，向上则无法报效国君，向下也无法告慰自己的双亲。然而如果

向左向右任您派遣，那么就是没有信义和天命，而是苟且地取悦于您。害处大到会死而不回避，是因为大义不能够回避；劳累以至于有病却不推辞，是因为义不能被推辞。

【义理揭示】

在以上文字中，王安石探讨了何谓臣子侍奉国君的本义。他批驳了臣子唯君命是听，不问"材力之所宜""形势之所安"，能为君亲带来实利的"人臣之义"观。他反对以死尽忠，即反对愚忠，同时主张以"义"和"命"来"事君"的原则，即要讲道义。这样的忠节观在集权制的封建社会中是相当难能可贵的，对于现代社会也有借鉴意义。

四 弦高机智救国

【原文选读】

三十三年春，秦师过周北门①，左右免胄而下，超乘②者三百乘。王孙满③尚幼，观之，言于王曰："秦师轻而无礼④，必败。轻则寡谋，无礼则脱⑤。入险而脱，又不能谋，能无败乎？"

及滑⑥，郑商人弦高将市于周⑦，遇之，以乘韦⑧先，牛十二犒师，曰："寡君闻吾子将步师出于敝邑⑨，敢犒从者⑩。不腆⑪敝邑，为从者之淹⑫，居则具一日之积⑬，行则备一夕之卫⑭。"且使遽⑮告于郑。

（选自《左传·僖公三十三年》）

注释：

①周北门：周都洛邑的北门。

②超乘：一跃而登车。刚一下车就又跳上去，这是轻狂无礼的举动。

③王孙满：周襄王的孙子。

④轻而无礼：轻慢而没有礼貌。

⑤脱：粗略，随便，粗心大意，意为军纪涣散。

⑥滑：姬姓小国，在今河南省滑县。

⑦市于周：到周的都城做买卖。市，做买卖。

⑧乘（shèng）韦：四张牛皮。古代一辆兵车叫一乘，每乘四匹马驾车，所以"乘"代指四。韦，熟牛皮。

⑨步师出于敝邑：行军经过敝国。步师，行军。出于敝邑，经过我国，郑国商人弦高的自谦之词。

⑩从者：随从之人，这里指秦军。

⑪腆：丰厚。

⑫淹：停留。

⑬积：指每天食用的东西。

⑭卫：保卫。

⑮遽：原指传车，驿马，引申为立即、马上。

【文意疏通】

春秋时期，在郑国帮助守备的秦国将军杞子派人回国报告说："郑人让我掌管新郑北门钥匙，如果悄悄地派兵而来，可以占领他们的国都。"虽然郑国相距遥远，秦穆公还是决定派孟明率军偷袭。选文的大概意思如下：

鲁僖公三十三年春天，秦军经过周都洛邑的北门。兵车上左右两边的战士都脱下战盔下车致敬，接着有三百辆兵车的战士刚下车

又一跃而上。王孙满这时还小，看到这种情形，向周王说："秦国的军队轻狂而不讲礼貌，一定会失败。轻狂就少谋略，没礼貌就纪律不严。进入险境而纪律不严，又缺少谋略，能不失败吗？"

秦国军队经过滑国的时候，郑国商人弦高将要到周的都城去做买卖，在这里遇到秦军。弦高先送上四张熟牛皮，再送十二头牛犒劳秦军，说："敝国国君听说你们将要行军经过敝国，冒昧地来犒劳您的部下。敝国不富裕，但您的部下要住，住一天就供给一天的粮食；要走，就准备好那一夜的保卫工作。"并且派人立即去郑国报信。

（背景提示：在郑国北门等待秦军消息的杞子得知阴谋败露，料想自己再难待在郑国，急忙收拾行李逃走了。秦军主帅孟明以为弦高就是郑国使者，于是攻灭滑国后回师而去。）

【义理揭示】

弦高是古往今来商贾中最有魅力、最让人敬仰的，他虽然牺牲了自己的十二头牛，却保全了郑国整个国家。在大义和私利面前，他不甘流俗，选择了大义，敢于在关键时刻作出义无反顾并且智勇双全的选择。中国历史上商人护国爱国的精神传统，或许首出于弦高。当然，弦高没有刻意要出名，这种牺牲精神就更让我们感动了。

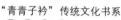

五 屈原自投汨罗

【原文选读】

屈原至于江滨，被发①行吟泽畔，颜色②憔悴，形容③枯槁。渔父见而问之曰："子非三闾大夫软？何故而至此？"屈原曰："举世混浊而我独清，众人皆醉而我独醒，是以见放。"渔父曰："夫圣人者，不凝滞于物，而能与世推移。举世混浊，何不随其流而扬其波？众人皆醉，何不哺其糟而啜其醨④？何故怀瑾握瑜⑤，而自令见放为？"屈原曰："吾闻之，新沐者必弹冠，新浴者必振衣。人又谁能以身之察察⑥，受物之汶汶⑦者乎？宁赴常流而葬乎江鱼腹中耳。又安能以皓皓⑧之白，而蒙世之温蠖⑨乎？"乃作《怀沙》之赋……于是怀石，遂自投汨罗以死。

（选自西汉·司马迁《史记·屈原列传》）

注释：

①被发：指头发散乱，不梳不束。被，通"披"。

②颜色：脸色。

③形容：形体容貌。

④何不哺其糟而啜其醨：为什么不吃点酒糟，喝点薄酒呢？哺（bū），吃，食。糟，酒渣。啜（chuò），喝。醨（lí），薄酒。

⑤怀瑾握瑜：瑾、瑜为美玉，喻美德。比喻人具有美玉般的高贵品德和才能。

⑥察察：洁白的样子。

⑦汶（mén）汶：混浊的样子。

⑧皓（hào）皓：莹洁的样子。

⑨温蠖（huò）：尘渣重积的样子。

【文意疏通】

公元前 340 年屈原诞生于楚都丹阳，自幼勤奋好学，胸怀大志。早年受楚怀王信任，任左徒、三闾大夫，常与怀王商议国事，参与法律的制定，主张章明法度，举贤任能，改革政治，联齐抗秦，提倡"美政"。在屈原的努力下，楚国国力有所增强。

屈原为人性格耿直，由于遭到奸臣上官大夫与令尹子兰等人的陷害，致使他被怀王疏远，后又遭襄王的放逐。前 278 年，秦国大将白起带兵南下，攻破了楚国国都，屈原的政治理想破灭，对前途感到绝望。选文的大概意思如下：

屈原来到了江滨，披头散发，在水泽边一面走一面吟咏。脸色憔悴，形体面貌像枯死的树木一样毫无生气。渔父看见他，便问道："您不是三闾大夫吗？为什么来到这里？"屈原说："整个世界都是混浊的，只有我一人清白；众人都醉了，只有我一人清醒，因此被放逐。"渔父说："聪明贤哲的人，不受外界事物的束缚，而能够随着世俗变化。整个世界都混浊，为什么不随大流而且推波助澜呢？众人都醉了，为什么不吃点酒糟、喝点薄酒？为什么要怀抱美玉一般的品质，却使自己被放逐呢？"屈原说："我听说，刚洗过头的一定要弹去帽上的灰尘，刚洗过澡的人一定要抖掉衣服上的尘土。谁能让自己洁白的身躯蒙受外物的污染呢？宁可投入长流的大江而葬身于江鱼的腹中，又哪能使自己高洁的品质蒙受世俗的尘垢呢？"于是他写下《怀沙》赋……抱着石头，自投汨罗江而死。

【义理揭示】

司马迁在谈屈原创作《离骚》的原因时说："屈平正道直行，竭忠尽智，以事其君，谗人间之，可谓穷矣。信而见疑，忠而被谤，能无怨乎？屈平之作《离骚》，盖自怨生也。"其中"正道直行，竭忠尽智"可谓一语破的，道出了屈原性格中最核心的因子。可惜忠臣遇到了昏君，达士碰到了小人！《离骚》等诗歌名篇饱含着屈原炽热的爱国主义思想感情，也强烈表达了他对理想的不懈追求和为此至死不屈的精神。今天，我们不能以"愚忠"对屈原作简单的价值判断，至少，正是这种极端式的"愚忠"，在诗歌史上书写了不朽的奇迹。

六 李广竭诚尽忠

【原文选读】

广既从大将军青①击匈奴，既出塞，青捕虏知单于所居，乃自以精兵走之，而令广并于右将军军，出东道。东道少②回远，而大军行水草少，其势不屯③行。广自请曰："臣部为前将军，今大将军乃徙令臣出东道，且臣结发④而与匈奴战，今乃一得当单于，臣愿居前，先死⑤单于。"大将军青亦阴受上诫，以为李广老，数奇⑥，毋令当单于，恐不得所欲……广不谢大将军而起行，意甚愠怒而就部，引兵与右将军食其⑦合军出东道。军亡⑧导，或失道，后大将军。大将军与单于接战，单于遁走，弗能得而还。南绝幕⑨，遇前将军、右将军。广已见大将军，还入军。大将军使长史持糒醪⑩遗广，因问广、食其失道状，青欲上书报天子军曲折。广未对，

大将军使长史急责广之幕府对簿。广曰："诸校尉无罪，乃我自失道，吾今自上簿。"

至幕府，广谓其麾下曰："广结发与匈奴大小七十余战，今幸从大将军出接单于兵，而大将军又徙广部行回远，而又迷失道，岂非天哉！且广年六十余矣，终不能复对刀笔之吏⑪。"遂引刀自到。广军士大夫一军皆哭。百姓闻之，知与不知，无老壮皆为垂涕……

太史公曰：《传》⑫曰，"其身正，不令而行；其身不正，虽令不从"。其李将军之谓也？余睹李将军悛悛⑬如鄙人，口不能道辞。及死之日，天下知与不知，皆为尽哀。彼其忠实心诚信于士大夫也！谚曰："桃李不言，下自成蹊。"此言虽小，可以谕大也。

（选自西汉·司马迁《史记·李将军列传》）

注释：

①青：卫青。西汉武帝时的大司马大将军，封长平侯。

②少：稍微。

③屯：驻军。

④结发：指初成年。

⑤死：决一死战。

⑥数奇：命运不好，遇事多不利。

⑦食（yì）其（jī）：指右将军赵食其。

⑧亡：通"无"。

⑨南绝幕：向南横渡沙漠。绝，横渡。幕，通"漠"，沙漠。

⑩糒（bèi）醪（láo）：干粮和酒水。糒，干饭。醪，酒浆。

⑪刀笔之吏：指掌文案的官吏。

⑫《传》：此指《论语》，下面的引语出自《论语·子路》。

⑬悛（quān）悛：忠厚老实的样子。

【文意疏通】

西汉元狩四年（前119），汉武帝发动漠北之战，由卫青、霍去病各率五万骑兵由定襄、代郡出击，跨大漠远征匈奴本部，李广几次请求随行，汉武帝起初因他年老没有答应，后来经不起李广请求，同意他出任前将军。选文的大概意思如下：

李广不久随大将军卫青出征匈奴，出边塞以后，卫青捉到敌兵，知道了单于住的地方，于是自己带领精兵去追逐单于，却命令李广合并到右将军的部队里，从东路出击。东路稍稍迂回遥远些，而且大军走在水草缺少的地方，势必加速行军而不能驻扎下来。李广就亲自请求说："我的部队是前将军（前锋），如今大将军却调令我从东路出兵，况且我从少年时就与匈奴作战，到今天才得到一个亲自和单于对敌的机会，我愿做前锋，先和单于决一死战。"大将军卫青曾暗中受到皇上的警告，认为李广年老，命运不好，要派他抵挡单于，恐怕不能实现俘获单于的愿望……李广不向大将军告辞就起程了，心中非常恼怒地到达军部，领兵与右将军赵食其合兵后从东路出发。军队没有向导，迷失道路，结果在大将军之后到达战场。大将军与单于交战，单于逃跑了，没有俘获单于而回兵。大将军向南行渡过沙漠，遇到了前将军和右将军。李广谒见大将军之后，回到自己军中。大将军派长史带着干粮和酒送给李广，顺便向李广、赵食其询问迷失道路的情况，（因为）卫青要给天子上书报告详细的军情。李广没有回答，大将军派长史急切责令李广军中主管幕府的校尉前去听审受责。李广说："校尉们没有罪，是我自己迷失道路，我现在亲自到大将军幕府去受审对质。"

到了大将军幕府，李广对他的部下说："我从少年起与匈奴打过大小 70 多次仗，如今有幸跟随大将军出征同单于军队交战，但大将军又调我的部队去走迂回绕远的路，偏又迷失道路，难道不是天意吗！况且我已 60 多岁了，毕竟无法再面对那些文官的侮辱。"于是就拔刀自刎了。李广军中的所有将士都为之痛哭。百姓听到这个消息，不论认识或不认识的，也不论老的少的，都为李广落泪……

太史公说：《论语》里说，"在上位的人自身行为端正，不下命令事情也能实行；自身行为不正，发下命令也没人听从"。这说的就是李将军吧！我所看到的李将军，老实厚道，像个乡下人，不善言辞。在他死的那天，天下人不论认识他的还是不认识他的，都为他十分哀痛。或许是因为他那忠实的品格得到士大夫的信赖呀！谚语说："桃树李树不会讲话，树下却自然地被人踩出一条小路。"这话虽然说的是小事，但可以用来说明大道理。

【义理揭示】

李广尽管勇敢善战，武艺高强，为捍卫边疆和保障中西交通安全贡献了毕生的力量，但生不逢时，大半时间正处于西汉朝廷消极防御阶段，因此虽胸怀大志，但最终不能建功立业。宋代诗人王十朋有一首诗这样赞颂李广——"李广才名汉世稀，孝文犹自未深知。辍飧长叹无颇牧，翻惜将军不遇时"，笔者认为很客观公正。司马迁满怀激情地用"桃李不言，下自成蹊"来赞美他，意思是只要真诚、忠实，就会感动人，为人所敬仰。在《史记》七十列传中，卫青、霍去病仅得合传，而李广却能单独立传，实在是基于他的为人品格和富有传奇色彩的人生，以及在社会上产生的影响。

七 苏武牧羊不屈

【原文选读】

律①知武终不可胁，白单于。单于愈益②欲降之，乃幽武，置大窖中，绝不饮食。天雨雪，武卧啮雪，与旃③毛并咽之，数日不死。匈奴以为神，乃徙武北海④上无人处，使牧羝，羝乳⑤乃得归……

武既至海上，廪食不至，掘野鼠去⑥草实而食之。杖汉节牧羊，卧起操持，节旄尽落……

初，武与李陵⑦俱为侍中。武使匈奴明年，陵降，不敢求武。久之，单于使陵至海上，为武置酒设乐。因谓武曰："单于闻陵与子卿素厚，故使陵来说足下，虚心欲相待。终不得归汉，空自苦亡人之地，信义安所见乎？……来时太夫人⑧已不幸，陵送葬至阳陵⑨。子卿妇年少，闻已更嫁矣。独有女弟⑩二人，两女一男，今复十余年，存亡不可知。人生如朝露，何久自苦如此。陵始降时，忽忽如狂，自痛负汉；加以老母系保宫⑪。子卿不欲降，何以过陵？且陛下春秋高⑫，法令亡常，大臣亡罪夷灭者数十家，安危不可知。子卿尚复谁为乎？愿听陵计，勿复有云！"

武曰："武父子亡功德，皆为陛下所成就，位列将⑬，爵通侯⑭，兄弟亲近，常愿肝脑涂地。今得杀身自效，虽蒙斧钺⑮汤镬⑯，诚甘乐之。臣事君，犹子事父也。子为父死，无所恨，愿勿复再言。"

陵与武饮数日，复曰："子卿壹⑰听陵言。"武曰："自分已死久矣！王必欲降武，请毕今日之欢，效死于前！"陵见其至诚，喟然叹曰："嗟呼！义士！陵与卫律之罪上通于天！"因泣下沾衿，与武决去。

（选自东汉·班固《汉书·苏武传》）

注释：

①律：卫律。

②益：更加。

③旃（zhān）：通"毡"，毛毡。

④北海：当时在匈奴北境，即今贝加尔湖。

⑤羝（dī）乳：公羊生小羊。羝，公羊。乳，用作动词，生育，指生小羊。公羊不可能生小羊，故此句是说苏武永远没有归汉的希望。

⑥去：通"弆（jǔ）"，收藏。

⑦李陵：字少卿，西汉陇西成纪（今甘肃秦安）人，李广之孙，武帝时曾为侍中。西汉武帝天汉二年（前99）出征匈奴，兵败投降，后病死匈奴。

⑧太夫人：指苏武的母亲。

⑨阳陵：汉时名为阳陵县，在今陕西咸阳市东。

⑩女弟：妹妹。

⑪保宫：本名"居室"，太初元年更名"保宫"，囚禁犯罪大臣及其眷属之处。

⑫春秋高：年老。春秋，指年龄。

⑬列将：一般将军的总称。苏武父子曾被任为右将军、中郎将等。

⑭通侯：汉爵位名，本名彻侯，因避武帝名讳改。苏武父亲苏建曾封为平陵侯。

⑮斧钺（yuè）：古时用以杀犯人的斧子。钺，大斧。

⑯汤镬（huò）：指把人投入开水锅煮死，此泛指酷刑。汤，沸水。镬，大锅。

⑰壹：一律，一概。

【文意疏通】

背景提示：单于叫卫律去逼迫苏武投降。卫律知道苏武终究不会受胁迫而投降，报告了单于。单于越发想要使他投降，就把苏武囚禁起来，放在大地窖里面，让他与外界隔绝，不给他吃喝。天下雪，苏武卧着嚼雪，同毡毛一起吞下充饥，几天不死。匈奴认为他是神，就把苏武流放到北海边没有人的地方，让他放牧公羊，说等到公羊生了小羊才能归汉……

苏武到北海后，由于粮食运不到，因此只能掘取野鼠所储藏的草籽来吃。他拄着汉朝的符节放羊，睡觉、清醒时都拿着，以致系在符节上的牦牛尾毛全部脱尽……

当初，苏武与李陵都任侍中。苏武出使匈奴的第二年，李陵投降匈奴，不敢访求苏武。时间一久，单于派遣李陵去北海，为苏武安排了酒宴和歌舞。李陵趁机对苏武说："单于听说我与你交情一向深厚，所以派我来劝说你，愿虔诚地相待你。你终究不能回归汉朝了，白白地在荒无人烟的地方受苦，你对汉朝的信义又怎能有所表现呢？……我离开长安的时候，你的母亲已去世，我送葬到阳陵。你的夫人年纪还轻，听说已改嫁了。家中只有两个妹妹、两个女儿和一个男孩，如今又过了十余年，生死不知。人的一生如同朝露一般短暂，何必要如此辛苦。我刚投降时，自己痛心对不起汉朝；加上老母拘禁在保宫。你不想投降的心情，怎能超过当时我李陵呢！况且皇上年纪大了，法令随时变更，大臣无罪而全家被杀的有几十家，即使你归汉你的安危也不可预料。你还打算为谁守节呢？希望你听从我的劝告，不要再说什么了！"

苏武说："我苏武父子无功劳和恩德，都是被皇帝栽培提拔起

来的，官职升到列将，爵位封为通侯，兄弟几人都是皇帝的亲近之臣，常常愿意为朝廷奉献生命。现在能够牺牲自己来效忠国家，即使受到斧钺和汤镬这样的极刑，我也是心甘情愿的。大臣效忠君王，就像儿子效忠父亲。儿子为父亲而死，没有什么遗憾的，希望你不要再说什么了。"

李陵与苏武一起喝了几天酒，又说："你一定要听从我的劝告。"苏武说："我料定自己已经是死去很久的人了！单于一定要逼迫我投降，那么就请结束今天的欢乐，让我死在你的面前！"李陵见苏武对汉朝如此忠诚，慨然长叹道："啊！义士！我李陵与卫律的罪恶，上能达天！"说完眼泪直流，浸湿了衣襟，告别苏武而去。

【义理揭示】

苏武出使匈奴，前后被匈奴扣押了共 19 年时间。在被扣押的漫长岁月里，苏武承受着各种各样的压力和困苦，一方面环境恶劣，生活困苦，冬天以雪代食；另一方面又面临着匈奴首领对他的威逼利诱，甚至朋友李陵也来劝降。在这种双重困压下，他始终以一颗耿耿忠心对待自己的国家和民族，杖节牧羊，终不屈服。苏武可谓中国历史上的脊梁，正是由于他的这种气节与操守、担当和大义，他的精魂已深深地融入我们民族的血脉之中。

八　李善知恩乳主

【原文选读】

李善，字次孙，南阳淯阳①人，本同县李元苍头②也。建武中疫疾，元家相继死没③，唯孤儿续始生数旬④，而赀财千万。诸奴婢私共计议，欲谋杀续，分其财产。善深伤李氏，而力不能制。乃潜负续逃亡，隐山阳瑕丘界中，亲自哺养，乳为生湩⑤。推燥居湿，备尝艰勤。续虽在孩抱，奉之不异长君，有事辄长跪请白，然后行之。闾里感其行，皆相率修义。续年十岁，善与归本县，修理旧业。告奴婢于长吏，悉收杀之。时钟离意为瑕丘令，上书荐善行状。光武诏拜善及续并为太子舍人。

善显宗时辟⑥公府，以能理剧⑦，再迁日南太守。从京师之官，道经湖阳，过李元家。未至一里，乃脱朝服，持锄去草。及拜墓，哭泣甚悲，身自炊爨⑧，执鼎俎以修祭祀。垂泣曰："君夫人，善在此。"尽哀，数日乃去。到官，以爱惠为政，怀来⑨异俗。迁九江太守，未至，道病卒。

续至河间相。

(选自南朝宋·范晔《后汉书·独行列传》)

注释：

①湖（yù）阳：今河南省南阳县。

②苍头：奴仆。

③没：通"殁"，死。

④旬：十天为一旬。

⑤湩（dòng）：乳汁。

⑥辟：征召。

⑦理剧：治理难治的地方。

⑧爨（cuàn）：烧火做饭。

⑨怀来：亦作"怀徕"，招来的意思，此指感化。

【文意疏通】

　　李善，字次孙，南阳淯阳人，原是同县李元的仆人。建武年间疫病流行，李府全家上下都不幸染上了瘟疫。短时间里，一家人接二连三地去世了，只留下万贯的家财和出生几十天的婴儿李续。婢女和仆人私下合计，想杀害李家这个唯一的命脉，然后夺取所有的财产。李善可怜李家的遭遇，但无力制止，于是暗地抱着李续逃跑，隐藏在山阳瑕丘界中，亲自哺养。李善用自己的乳头给李续含着，想不到两乳竟能生出乳汁。李善带着李续夏天避暑冬天避寒，备尝艰苦。当李续还在褓褓中的时候，不管大小事情，李善都会在小主人面前，恭敬地向他禀报，然后再去办（因为他把李家唯一的血脉，看作是主人的化身一样地尊敬）。乡里为他的行事所感动，都跟着他做好事。李续十岁时，李善带他回本县，重理旧业，并向县吏控告诸奴婢的事，县吏统统把他们捕杀了。这时钟离意任瑕丘令，上书推荐和传扬李善的事迹。汉光武帝下诏书授予李善和李续都为太子舍人。

　　李善在显宗时被官府征召，因能治理难治的地方，升做日南太守。自京师去上职，路经淯阳，经过李元的坟墓，在一里之外，就脱去朝服，拿着锄头除草。拜墓结束后，还哭泣悲伤不已，并亲手烧火做饭，执鼎俎祭祀李元。他跪在主人的灵位前，非常伤感地说："老爷、夫人，我是李善，我今天回来探望、祭拜你们。"连续几天，他都在墓园徘徊，不忍离开，时时刻刻地追思恩主。到任后，以仁爱为政，感化异俗。后来又升任九江太守，可惜还未到任，就在路上病死了。

　　后来小主人李续也很有成就，官至河间相。

【义理揭示】

在中国历史上，李善乳主的故事流传甚广，虽然个别情节有些夸张，但仍可谓报恩的典范。他的美德令人称道的原因，不仅在于低微之时含辛茹苦养大小主人，更在于显达之后，仍然对主人心存恩德。李善身上的知恩报恩的忠义对我们常人的启示是：人不论身处何种环境、地位，都要做一个感恩、尽职、尽责之人。李善的精神始终鼓舞着我们见贤思齐。

九 祖逖闻鸡起舞

【原文选读】

范阳祖逖，少有大志，与刘琨俱为司州主簿①，同寝，中夜闻鸡鸣，蹴琨觉，曰："此非恶声②也！"因起舞。

及渡江，左丞相睿③以为军谘祭酒④。逖居京口，纠合骁健⑤，言于睿曰："晋室之乱，非上无道而下怨叛也，由宗室争权，自相鱼肉，遂使戎狄乘隙，毒流中土。今遗民既遭残贼，人思自奋，大王诚能命将出师，使如逖者统之以复中原，郡国豪杰，必有望风响应者矣！"

睿素无北伐之志，以逖为奋威将军、豫州刺史，给千人廪⑥，布三千匹，不给铠仗，使自召募。逖将其部曲百余家渡江，中流，击楫而誓曰："祖逖不能清中原而复济者，有如大江⑦！"遂屯淮阴，起冶铸兵⑧，募得二千余人而后进。

（选自北宋·司马光《资治通鉴·晋纪》）

注释：

①主簿：州、府长官的佐僚，主管文书的官员。

②此非恶声：古人认为半夜鸡鸣是不祥之兆，祖逖不这么认为。

③睿：司马睿，即以后的东晋元帝，当时任左丞相。

④以为军谘祭酒：让祖逖担任军事顾问。

⑤骁（xiāo）健：骁勇、健壮的人。

⑥给千人廪（lǐn）：供给一千人的军粮。

⑦有如大江：让大江来作证。古人常以"有如"发誓。

⑧起冶铸兵：兴建冶炼工厂铸造兵器。

【文意疏通】

晋代的祖逖是个胸怀坦荡、具有远大抱负的人。他东渡而来，目睹北方沦陷区的混乱与生灵涂炭，立志北伐中原收复失地，曾与刘琨一起担任司州的主簿，与刘琨盖一条被子一起睡觉，夜半时听到鸡鸣，他踢醒刘琨，说："这并不是不祥之兆。"于是起床舞剑。

渡江以后，左丞相司马睿让他担任军事顾问长官。祖逖住在京口，集合了一批骁勇雄健的士兵，对司马睿说："晋朝的变乱，不是因为君主无道而使臣下怨恨叛乱，而是皇亲宗室之间争夺权力，自相残杀，这样就使戎狄之人钻了空子，祸害遍及中原。现在晋朝的遗民遭到摧残伤害后，大家都想着自强奋发，大王如果能够派遣将领率兵出师，派像我一样的人统领军队来光复中原，一定会有看见形势积极响应的各地英雄豪杰！"

司马睿向来没有北伐的志向，他听了祖逖的话以后，就任命祖逖为奋威将军、豫州刺史，仅仅拨给他千人的口粮、三千匹布，不供给铠甲和兵器，让祖逖自己想办法募集。祖逖带领自己私家的军队共一百多户人家渡过长江，在江中敲打着船桨发誓说："祖逖如果不能使中原清明而光复成功，就像大江一样有去无回！"于是到淮阴驻扎，建造熔炉冶炼浇铸兵器，又招募了两千多人，然后继续前进。

【义理揭示】

一个人能否实现自己的志向与抱负，要受到多重因素的制约，其中内因与外因是最为重要的两个方面。内因指思想、意志与才学，外因指环境、机遇等，祖逖主观上是努力的，"闻鸡起舞"便是明证。"闻鸡起舞"后来也成了耳熟能详的成语，指有志之士及时振作、奋发有为。这种精神也成为中华民族发愤图强精神的重要组成部分。

✚ 岳飞精忠报国

【原文选读】

康王①即位，飞上书数千言，大略谓："陛下已登大宝，社稷有主，已足伐敌之谋，而勤②王之师日集，彼方谓吾素弱，宜乘其怠击之。黄潜善、汪伯彦辈不能承圣意恢复，奉车驾日益南，恐不足系中原之望。臣愿陛下乘敌穴未固，亲率六军北渡，则将士作气，中原可复。"书闻，以越职夺官归。

……

桧遣使捕飞父子证张宪事③，使者至，飞笑曰："皇天后土，可表此心。"初命何铸鞠④之，飞裂裳以背示铸，有"尽忠报国"四大字，深入肤理。

……

初，桧恶岳州同飞姓，改为纯州，至是仍旧……孝宗诏复飞官，以礼改葬，赐钱百万，求其后悉官之。建庙于鄂，号忠烈。淳熙六年，谥武穆。

（选自《宋史·岳飞传》）

注释：

①康王：即赵构。宋钦宗靖康二年（1127）金兵俘徽、钦二宗北去后，赵构于南京应天府（今河南商丘）即位，改元建炎，重建了宋朝，史称"南宋"。

②勤：帮助，协助。

③张宪事：诬告张宪为岳飞收回兵权一事。张宪是岳飞最为倚重的部将和助手。

④鞫：通"鞠"，审讯，审查。

【文意疏通】

虽然康王赵构于南京应天府（今河南商丘）即位，重建了宋朝，史称"南宋"，但他拒绝主战派抗金主张，在收复中原上无所作为。选文的大概意思如下：

赵构即位时，岳飞向朝廷上书，扬扬洒洒几千文字，大致内容为："陛下您已即位，可谓社稷有主，为讨伐金人、制定攻略提供了保障。而协助陛下收复河山的将士日渐增多，金人常说我军一贯羸弱，恰好趁敌懈怠之际一举歼敌。黄潜善、汪伯彦不能秉承您的圣意收复河山，却奉您的车驾渐渐向南转移，这恐怕辜负了中原百姓的期望。臣希望陛下能在金人尚未站稳脚跟之时，亲自统领六军向北渡河，则将士斗志大增，中原有望收复。"赵构看过岳飞的上

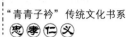

书，以越职罪罢免了岳飞的官职。

……

秦桧派人把岳飞父子抓起来证明张宪有罪，使者到了，岳飞笑着说："皇天后土，可以证明我对朝廷的忠心。"秦桧开始时命令何铸审问岳飞，岳飞撕裂衣裳把后背给何铸看，有"尽忠报国"四个大字，字迹刻得很深。

……

起初，秦桧不满岳州跟岳飞的姓一样，改成纯州，到现在仍是这样……后来宋孝宗下诏恢复岳飞的官职，用相应的礼制更换下葬之地，赏赐岳家百万贯钱，寻找岳飞的后人并全都赐封官职。在鄂州为岳飞建立祠庙，称为"忠烈祠"。淳熙六年（1179），封岳飞谥号"武穆"。

【义理揭示】

岳飞是民族英雄，爱国主义是岳飞精神的内核。岳飞身上的"忠"，主要表现为他的爱国精神。"尽忠报国"是岳飞的家训，也是岳飞坚定的自誓；是岳飞的信念，也是岳飞毕生的行动。岳飞的"忠"不是愚忠，身处当时那样的历史环境，他要忠君，但"忠"更表现在爱国，或者说，忠君与爱国相关相连。因此，岳飞的"忠"不是忠于君主，而是忠于国家、忠于人民。为国为民不避祸福，岳飞精神的确是"尽忠报国"四个字的最好注脚。

十一　范仲淹有志天下

【原文选读】

范仲淹二岁而孤^①，母贫无依，再适^②长山朱氏。既长，知其世家^③，感泣辞母，去^④之^⑤南都^⑥入学舍。昼夜苦学，五年未尝解衣就寝。或夜昏怠，辄以水沃^⑦面。往往饘粥^⑧不充，日昃^⑨始食，遂大通六经之旨，慨然有志于天下。常自诵曰："当先天下之忧而忧，后天下之乐而乐。"

（选自南宋·朱熹、李幼武《宋名臣言行录》）

注释：

①孤：幼年失去父亲。

②适：改嫁。

③世家：家世。

④去：离开。

⑤之：到，往。

⑥南都：指应天府，即今河南商丘。这里的南都学社为当时著名学社。

⑦沃：用水淋洗，这里指"洗"。

⑧饘（zhān）粥：稠粥。古人称厚粥为饘，薄粥为粥。

⑨日昃（zè）：太阳偏西。

【文意疏通】

范仲淹，字希文，为北宋名臣，政治家、文学家、军事家，谥号"文正"。选文的大概意思如下：

范仲淹两岁时死了父亲，母亲贫穷无依无靠，只得改嫁到了长

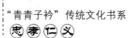

山的朱家。范仲淹长大以后，知道了自己的身世，含着眼泪告别母亲，去应天府的南都学社读书。他白天、深夜都认真读书，五年里几乎都是和衣而睡。有时夜晚疲倦了，就用冷水洗脸。他常常是白天苦读，连顿稠粥都吃不饱，直到太阳偏西才吃一点东西。最终他精通了《诗》《书》《礼》《易》《乐》《春秋》六部经典著作的要意，情绪激昂地树立起了治理天下的雄心壮志。他经常自己吟诵："应当在天下人忧愁之前先忧愁，在天下人都享乐之后才享乐。"

【义理揭示】

范仲淹是刚直不阿、体恤民情、为政清廉的宋代名臣，之所以能有此赞誉，首先要归功于他刻苦学习、奋发有为的精神。唯其如此，方能一抒"先天下之忧而忧，后天下之乐而乐"的感叹和抱负，这两句名言也激起了古今无数仁人志士精忠报国的慷慨热情。

文化倾听

"忠"的字典释义是"忠诚无私，尽心竭力"，从传统文化的范畴来看，它既是伦理道德的首要内容，也是儒家的核心思想之一。经过几千年的发展，其内涵在不断丰富，其地位历久弥坚。

在儒学中，"忠"引起历代儒家学者的重视。"忠"在孔子学说中占有重要的地位。但是，《论语》里有关"忠"的论述不是很多，一共仅有18例。对这18个"忠"细加分析，它包含的内容很广，包括如何侍奉国君和待友，怎样为政和治民以及如何成仁和做

人。综观《论语》里孔子对"忠"的论述，"忠"的意义大概可以分为两类：第一类是真诚的意思，《论语》里的"忠"多数属于这一类。从以上节选的《论语》中的片段来看，孔子提倡待人接物要"忠"，即要做到真诚，尽心竭力，这就从人与人的关系的角度提出了具体的处世之道，成为后世的行为准则。第二类是政治思想范畴的"忠"，是忠于君主的意思。孔子认为"君使臣以礼，臣事君以忠"，这个"忠"是孔子忠君思想的一个组成部分。从孔子提倡的仁人标准来看，他看重的是待人要忠诚，而不是侍奉国君要忠心。所以，"忠"作为《论语》中的重要思想内容，其体现了孔子思想的基本精神，应该是为人真诚，而不是对君主的忠诚和无二心。

但是，"臣事君以忠"，即以忠心侍奉君主，仍是孔子在"事君"问题上的基本观点。而且，这一观点得到了后代儒家的推崇和发挥。而被世人称为"亚圣"的孟子，对此却置之不理。在君臣关系问题上，孟子认为君臣的关系中君为主动、臣处被动，不过这已经超越了《论语》中所主张的"使"和"事"的单一关系，具有了动态的双向性。也就是说，臣对君不是唯命是从，不是任君摆布，而是能对君主的言行作出适当的反应，君对臣如何，臣对君的态度也会随之变化。

宋代的儒学大师王安石则在《上曾参政书》中探讨了何谓臣子侍奉国君的本义。他从反面批驳了臣子唯君命是听，不问"材力之所宜""形势之所安"，能为君亲带来实利的"人臣之义"观。他反对愚忠，主张以"义"和"命""事君"的原则。这样的忠节观在集权制的封建社会中是相当难能可贵的，对于现代社会也有借鉴意义。

古代的君王又称天子，"君权神授"，"朕即国家"，因而君王又是国家的象征，“忠君”思想在历史中又衍化为报效国家的爱国主义思想，忠君和爱国成为互为表里的同义词，忠君就是爱国，爱国就要忠君。究其原因，中国传统社会的实质乃政教合一，也就是说，帝王既是国家民族的象征，又是思想道德的示范，还是文化和价值观的代名词，无人能替代。所以，从以上所选的"屈原自投汨罗""苏武牧羊不屈""岳飞精忠报国""祖逖闻鸡起舞""李善知恩乳主""李广竭诚尽忠""范仲淹有志天下"等故事来看，主人公身上多多少少带有一些忠君或忠主的思想，而"弦高机智救国"故事中的主人公弦高却是一个具有现代公民意义上的自觉爱国精神的商人，他已经超越了传统的忠君思想，其精神难能可贵，令人敬仰。

由此看来，"忠君"和"爱国"是有区别的，属于两个不同的层面。"忠君"带有狭隘义，其出发点可以是为一个人负责，或者是为某些结党营私的小集团效力，而"爱国"带有普适义，具有普遍价值，其出发点是整个国家和民族。这也是本章标题用"精忠爱国"而不用"忠君爱国"的主要原因。我们希望，青少年朋友能从中华优秀传统文化伦理与政治的双重规训中突出重围，使"精忠爱国"思想内化为道德与人格的内在修养，而不是窄化为愚昧的精忠思想和狭隘的爱国主义。

文化传递

在个人前途与国家科学事业上，他毅然选择了国家，在个人安危与核武器上，他坚定地说了一句"我不能走"。他，就是邓稼先，

爱国知识分子的优秀代表。为了祖国的强盛，为了中国国防科研事业的发展，他甘当无名英雄，默默无闻地奋斗了数十年。虽然他在中国核武器的研制方面作出了卓越的贡献，却鲜为人知，直到他去世后，人们才知道他的事迹。

1964 年 10 月 16 日中国爆炸了第一颗原子弹，1967 年 6 月 17 日中国爆炸了第一颗氢弹。这些日子是中华民族五千年历史上的重要日子，也是中华民族完全摆脱任人宰割危机的新生日子！这是许多可歌可泣的英雄人物创造出来的伟大奇迹和伟大胜利，而在这里，邓稼先一直是这个奇迹的最核心人物。

邓稼先于 1924 年出生在安徽省怀宁县。在北平上完小学和中学后，于 1945 年自昆明西南联大毕业。1948 年到 1950 年赴美国普渡大学读理论物理，获得博士学位后立即乘船回国，1950 年 10 月到中国科学院工作。1958 年 8 月奉命带领几十个大学毕业生开始研究原子弹制造的理论。这以后的 28 年间，邓稼先始终站在中国原子武器研究和设计制造的第一线，领导许多学者和技术人员，成功地设计了中国的原子弹和氢弹，把中华民族国防自卫武器发展到了世界先进水平。

他是一位科学巨人。

说起邓稼先，首先得承认他是一个科学家，一个才华横溢的学术巨擘。他从西南联大以优异的成绩毕业，到考取普渡大学的哲学博士学位；从一个普通的研究助理，到科学院的院长，再到原子弹及氢弹的设计者，这一切所需要的最本质的东西还是科学，还是知识。有一次，为了一个关键的数据，邓稼先带领十几个年轻人一天三班倒，用 4 台手摇式计算机日夜连轴转。从黎明到深夜，理论部办公楼灯火通明，计算稿纸装了几十麻袋，堆满了整整一间房。众人一同攻关，反复讨论计算结果，终于摸清了原子弹内爆过程的物理规律，迈出了中国独立研制核武器的第一步。在原子弹研制史上，这是一件大事，被称为"九次运算"，所使用的手摇式计算机就是历史的见证。著名数学家华罗庚赞叹："九次运算集世界数学难题之大成！"1963年初，原子弹理论设计方案按预定计划诞生。刚刚39岁的邓稼先，在这份具有历史性意义的文件上郑重地签署了自己的名字。当时的教育部部长刘西尧老先生曾用了一个生动的比喻"龙头三次方"来形容邓稼先的贡献：搞核弹的龙头在二机部，二机部的龙头在九院，九院的龙头在邓稼先。

他同样还是一位伟大的爱国者。

邓稼先留给我们的最大财富莫过于他的崇高品质和近乎完美的人格。他是一个淡泊名利的人。为了这项神圣的工作，他隐姓埋名28年，甚至在他母亲临终前，她都不知道自己的儿子在干什么。直到邓稼先临终前，中央决定对他的资料进行解禁后，他才在一夜之间突然出现在各大报纸上。在这尘封的、近乎与世隔绝的28年里，是他如火的青春与激情。在这28年里，杨振宁已获得了诺贝尔物理奖。应该说两人的水平不相伯仲，但在时代面前，各人有各人的选择。他毅然选择了这条路，然后就是日夜兼程的28年。虽然选择了前方，风雨兼程，但他连背影都未曾留下。他生前获得的荣誉很少，奖金更是少得可怜。原子弹奖励10元，氢弹奖励10元，除此之外，从1964年原子弹爆炸到1985年首次颁奖，从未获得过一次奖励，也从未领过一分钱。他以他的无私、淡泊带领大家日夜奋战，并最终取得成功。

他的爱国热情也令我们所有人敬仰。从少年时代撕毁日军的旗子，并踩在脚下，到怀着"为今后国家建设服务"的目的考取普渡

大学的研究生，再到获得博士学位后第九天便突破重重阻挠，毅然回国，再到投身"两弹"事业，扎根戈壁 28 年。那个心中时刻指引着他的就是希望国家昌盛的信念。他选择了为国奉献，然后坚定地走了下去，一辈子都未曾改变。当一个人真正从事一项伟大的事业，也就无所谓生死，人生亦无憾了。遥想当年，这里也曾辉煌，也曾金戈铁马，当岁月的车轮碾过那片戈壁时，他们的脸上也留下了车辙。他们，一群最可爱的人，为了一个共同的目标，共聚于此。就算马革裹尸，也扑不灭他们心中那团炽热的火——做一名铸剑者，捍卫国家的尊严。在生命的最后一刻，他仍给中央写信，就中国的核事业提出自己的建议。他确实太累了，他为中国的核事业操劳了一生。

新中国成立后"影响中国的一百人"颁奖词这样评价邓稼先：

当大漠的苍茫点缀了蘑菇云的硝烟，当五星红旗升起在联合国的上空。是他，长空铸剑，吼出雄狮的愤怒；是他，以身许国，写下山河的颂歌。殷红热血，精忠报国，他是共和国忠诚的奠基人；鞠躬尽瘁，死而后已，他是中华民族不倒的脊梁。

历史将会铭记这样一位科学巨人！

1. "文化典籍"中所选的故事均围绕着"精忠爱国"的主题，故事中主人公身上所表现的爱国思想有何不同？请简要谈谈。

2. 读了本章的"文化典籍""文化倾听"与"文化传递"，你对爱国主义在当代的意义有何新的思考？请写一篇读书笔记。

3. 请从"文化典籍"涉及的人物中任选一个，查找与其相关的其他典籍（诗、词、文等），全面了解人物的思想，在班级中作一次读书交流。

第二章 仁者爱人

文化典籍

一 孔子论"仁"

【原文选读】

仁是性情的流露

子曰："仁远乎哉？我欲仁，斯仁至矣！" 　　　　　（《论语·述而》）

子曰："巧言令色①，鲜矣仁。" 　　　　　　　　　　（《论语·学而》）

子曰："刚、毅、木、讷②，近仁③。" 　　　　　　　　（《论语·子路》）

仁的本质是爱人

樊迟问仁。子曰："爱人。" 　　　　　　　　　　　　（《论语·颜渊》）

子曰："……夫仁者，己欲立而立人④，己欲达而达人⑤。"

（《论语·雍也》）

仲弓问仁。子曰："出门如见大宾，使民如承大祭⑥。己所不欲，勿施于人。在邦⑦无怨，在家⑧无怨。" 　　　　（《论语·颜渊》）

仁是最高道德境界

子张问仁于孔子。孔子曰:"能行五者于天下,为仁矣。""请问之。"曰:"恭,宽,信,敏,惠。恭则不侮,宽则得众,信则人任焉,敏则有功,惠则足以使人。"

(《论语·阳货》)

子曰:"恒公九合诸侯⑨,不以兵车⑩,管仲之力也。如其仁!如其仁!"

(《论语·宪问》)

注释:

①令色:好的脸色。这里指假装和善。令,好、善。色,脸色。

②刚、毅、木、讷:刚指刚强,毅指果敢,木指朴质,讷指言语谨慎。

③近仁:接近于仁德。

④立人:使别人能自立。立,作使动词用。

⑤达人:使人通达事理,或使人充分施展才能。达,作使动词用。

⑥出门如见大宾,使民如承大祭:这句话是说,出门办事和役使百姓,都要像迎接贵宾和进行大祭时那样恭敬严肃。

⑦邦:诸侯统治的国家。

⑧家:卿大夫统治的封地。

⑨九合诸侯:多次会合诸侯。九,不是确数,极多的意思。合,集合。

⑩不以兵车:不用武力。不以,不用。兵车,战车,代指武力。

【文意疏通】

孔子对"仁"有诸多解释,仅在《论语》中就有109处。以上各则的意思分别是:

孔子说:"仁离我们很远吗?我想要达到仁德的境界,那仁德就来了。"

孔子说:"花言巧语,一副讨好人的脸色,这样的人是很少有

仁德的。"

孔子说："刚强、果决、朴质、慎言，有这四种品德的人近于仁德。"

樊迟问什么是仁。孔子说："爱人。"

孔子说："……仁就是自己想成功，同时也要让别人能成功；自己要事事通达，同时也应使别人事事通达。"

仲弓问什么是仁。孔子说："出门办事如同去接待贵宾，使唤百姓如同去进行重大的祭祀，都要认真严肃。自己不愿意要的，不要强加给别人。在诸侯国里做官不会招致怨恨，在大夫的封地里做官也不会招致怨恨。"

子张向孔子问什么是仁。孔子说："能在天下推行五种品德，就是仁了。""请问是哪五种品德？"孔子说："恭敬、宽厚、诚实、勤敏、慈惠。恭敬就不会遭到侮辱，宽厚就会得到大家的拥护，诚实就会使别人为你效力，勤敏就会取得成功，慈惠就足以役使别人。"

孔子说："齐桓公多次召集各诸侯，主持盟会，没有动用武力，而制止了战争，这都是管仲的功劳。这就是管仲的仁德！这就是管仲的仁德！"

【义理揭示】

"仁"的基本内涵，归纳起来主要有三种：仁是真性情的合理流露，仁的核心本质是爱人，仁是人的最高道德境界。"人必有真性情，然后可以行礼。"所谓"真性情"，即是基于真心而外显的仁心、仁性。"仁者，爱人"，一个人必须对别人存有仁爱之心，这既体现了责任心，也才能完成他的社会担当。仁是人生修养的最高境界，也是道德的准绳。由此可知，仁是一种至诚无妄、与物无忤的修养境界，也是最高的道德范畴。在仁、义、礼、智、信等诸多思想要素中，仁处于核心地位，具有统摄作用。

二 孟子议"仁"

【原文选读】

仁心

仁者爱人，有礼者敬人。爱人者，人恒爱之；敬人者，人恒敬之。

（《孟子·离娄下》）

仁者以其所爱及①其所不爱，不仁者以其所不爱及其所爱。

（《孟子·尽心下》）

人皆有所不忍②，达③之于其所忍，仁也。　（《孟子·尽心下》）

仁也者，人也。合而言之，道也。　（《孟子·尽心下》）

仁，人心也；义，人路也。舍其路而弗由④，放⑤其心而不知求，哀哉！

（《孟子·告子上》）

仁政

人皆有不忍人之心⑥。先王有不忍人之心，斯有不忍人之政矣。以不忍人之心，行不忍人之政，治天下可运之掌上。

（《孟子·公孙丑上》）

夫仁政，必自经界⑦始。　（《孟子·滕文公上》）

施仁政于民，省刑罚。　（《孟子·梁惠王上》）

注释：

　　①及：推及，推广。

　　②有所不忍：指不忍心做的事。

　　③达：推及。

　　④由：经，经历。

　　⑤放：放任，失去。

　　⑥不忍人之心：怜悯心，同情心。

　　⑦经界：土地、疆域的分界，此处指划分整理田界。

【文意疏通】

　　仁爱的人爱别人，有礼的人尊敬别人。爱别人的人，会被别人长久地爱戴；尊敬别人的人，会被别人长久地尊敬。

　　仁者把施与他所爱的人的仁德推及他所不爱的人身上，不仁者把施给他所不爱的人的祸害推及他所爱的人的身上。

　　人人都有不忍心做的事，把这种心推及到他所忍心做的事上，就是仁。

　　所谓仁，意思就是人。"仁"和"人"结合起来，就是"道"。

　　仁是人的本心，义是人走的大路。放弃那大路不走，丧失了善良的本性而不知道去寻找，可悲啊！

　　每个人都有怜悯体恤别人的心情。古代圣王由于有怜悯体恤别人的心情，所以才有怜悯体恤百姓的政治。用怜悯体恤别人的心情，施行怜悯体恤百姓的政治，治理天下就可以像在手掌心运转东西一样容易了。

　　实行仁政，一定要从划分整理田界开始。

　　对百姓实行仁政，要减免刑罚。

【义理揭示】

孟子继承了孔子的"仁者爱人"的思想。他首先认为爱人之心是仁者之心，在此基础上又提出"爱人"之心就是"不忍人之心"，即不忍心看到别人的困苦危难之心、同情心和怜悯心。这是孟子的"仁心"学说。其次，孟子又提出他的"仁政"学说。他在"爱人"的思想基础之上提出"不忍人之心"的观点，认为"不忍人之心"是"不忍人之政"，即仁政的思想来源，也即统治者把自己的"不忍人之心"推己及人，这样天下才能大治。

三 柳宗元说"仁"

【原文选读】

仁义忠信，先儒名以为天爵①，未之尽也。……道德之于人，犹阴阳之于天也。仁义忠信，犹春秋冬夏也。举明离②之用，运恒久之道，所以成四时而行阴阳也。宣无隐之明，著不息之志，所以备四美③而富道德也。 　　　　　　　　（《柳宗元集·天爵论》）

圣人之为教，立中道④以示于后。曰仁，曰义，曰礼，曰智，曰信。谓之五常，言可以常行者也。 　　　　　　（《柳宗元集·时令论下》）

是故受命不于天于其人，休符⑤不于祥⑥于其仁。唯人之仁，非祥于天；非祥于天，兹唯贞⑦符⑧哉！未有丧仁而久者也，未有恃祥而寿⑨者也。 　　　　　　　　　　（《柳宗元集·贞符》）

注释：

①天爵：孟子认为仁、义、忠、信，是上天授给人们的爵位。

②明离：指光明照耀。

③四美：指仁、义、忠、信四种美德。

④中道：中正之道或中庸之道，就是正面的道德要求。"立中道以示"，就是进行正面的道德教育。

⑤休符：吉祥的征兆。

⑥祥：祥瑞，象征吉祥的事物。

⑦贞：正，合乎正道的。

⑧符：符命、符瑞。

⑨寿：久。

【文意疏通】

战国中期儒家的代表人物孟子认为，公卿大夫是帝王所授予的官爵，而仁、义、忠、信等道德则是上天赋予"上等人"的，所以称之为"天爵"。柳宗元则在他有关道德论述的名篇《天爵论》中认为："儒家的先辈孟子，把仁、义、忠、信称为天赋的爵位，其实并没有把道理讲透彻。道德对于人来说，就像天有白天黑夜一样；仁、义、忠、信这四种美德，就像春、夏、秋、冬四季一样。由于光明与黑暗交替作用，永不停息地运动着，因此形成了四季与白天黑夜的变化。因为人能够发挥无穷的聪明才智，发扬自强不息的志气，所以应该具备仁、义、忠、信这四种美德而使道德完善起来。"

他提出："圣贤的人施行教化，是要用中正之道来示范于后人。中正之道包含仁、义、礼、智、信五个方面的内容，又叫五常，就是五种人人都可以经常实行的道德行为规范。"

在《贞符》中他又指出："获得统治权不是受天之命，而应该是受人民之命，吉庆的凭证不是祥瑞的事物，而是善良仁慈的政治。只有来自于人的仁德，而没有来自于天的祥瑞；不是来自天降的祥瑞，才是真正的符信！没有人丧失了仁德而长治久安的，也没有人依赖祥瑞而延年益寿的。"也就是说，为官者只有施行"仁政"，才能受到百姓的欢迎和拥护。

【义理揭示】

柳宗元在儒学先贤的基础上提出"四美"说和"五常"说，并把"仁"置于五常之首，可见他对"仁"的重视。而且他认为仁、义、忠、信并不是先天的，是可以通过教化与教育内化为每个人平常的行为准则。同时，他认为对百姓的仁心与仁德是国家长治久安的基石。柳宗元的这些有关仁德的道德观与思想对于现代社会也极具借鉴意义。

四 商汤网开三面

【原文选读】

汤出，见野张网四面，祝①曰："自天下四方皆入吾网。"汤曰："嘻，尽之矣！"乃去其三面，祝曰："欲左，左。欲右，右。不用命②，乃入吾网。"诸侯闻之，曰："汤德至矣，及③禽兽。"

（选自西汉·司马迁《史记》卷三）

注释：

①祝：向神祷告求福。

②用命：从命。

③及：涉及，关联。

【文意疏通】

商族是我国北方一支古老的部族，汤是商族的始祖契的第十四代孙。夏桀日益失去民心，商族的势力又一天天地强大，商汤便决心从北方南下，推翻夏桀王朝，救百姓于水火。

一天，商汤到郊外出游，看见一个人从四面架起网，然后向天祷告说："愿来自天下四方的飞鸟，都落入我的网中！"商汤看到这种情景，心里很有感触，便向前对捕鸟的人说："喂！你这样捕鸟，是会把天下的飞鸟都捕尽的！"商汤命令手下的人撤去三面网，只留下一面，然后向上天祷告说："想从左面飞去的鸟，就从左面飞走吧！想从右面飞去的鸟，就从右面飞走吧！那些乱飞的鸟，只好进入我的网中了。"商汤"网开三面"的故事很快传开了，人们都说："商汤的德行太高了！对禽兽都有一副仁慈心肠，更何况对于百姓！"从此，各诸侯国的人都企盼商汤能够早日成为自己的君王。

【义理揭示】

商汤吸取夏朝灭亡的经验教训，深知要稳固政权，首先要争取民心，使天下百姓都乐意归附他，天下有才能的人都辅佐他，而不能单靠武力。商汤"网开三面"的故事，正是他仁慈心怀的表现。这种仁慈心怀，是他能率领民众成功讨伐夏桀的重要前提和基础，也是他成为中国历史上著名仁君的重要原因。

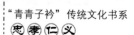

五 子产为相施仁爱

【原文选读】

范宣子①为政，诸侯之币重，郑人病②之，二月，郑伯如晋，子产③寓书于子西，以告宣子，曰："子为晋国，四邻诸侯，不闻令德，而闻重币，侨也惑之。侨闻君子长国家者，非无贿之意，而无令名之难。……夫令名，德之舆④也。德，国家之基也。有基无坏，无亦是务乎？有德则乐，乐则能久。"……宣子说，乃轻币。

子产使都鄙有章⑤，上下有服，田有封洫⑥，庐井有伍⑦。大人之忠俭者，从而与之；泰侈⑧者，因而毙之。……从政一年，舆人⑨诵之曰："取我衣冠而褚⑩之，取我田畴而伍之。孰杀子产，吾其与之！"及三年，又诵之曰："我有子弟，子产诲之。我有田畴，子产殖之。子产而死，谁其嗣之？"

（选自《左传·襄公二十四年、三十年》）

注释：

①范宣子：春秋时晋国大臣，晋平公时执掌国政。

②病：忧患、苦恼。

③子产：姬姓，郑氏，名侨，郑穆公之孙，故称公孙侨，字子产，曾担任春秋时期郑国执政大臣，与孔子同时代。

④舆：车中装载东西的部分，泛指车。

⑤都鄙有章：城乡各有区别。都鄙，指城乡。有章，指各有规定。

⑥封洫（xù）：田界。

⑦伍：五家相保的民户编制。

⑧泰侈：骄纵奢侈。

⑨舆人：众人。

⑩褚：通"储"，储藏。

【文意疏通】

晋平公时，范宣子当权，诸侯向晋国上贡的负担很沉重，郑国的人把这事看作忧患。二月，郑国国君往晋国，子产委托书信给子西（子西随郑国国君往晋国），带给范宣子，信上说："您为政于晋国，四邻诸侯没听说您的美德，却听说向诸侯索取的贡纳很重，我对此很不理解。我听说君子掌管国家，不是担忧没有财物，而是担忧没有好名声。……好名声，是载德以行的车子；德行，是国家的根基。有基础就不致毁坏，为什么不致力于此呢？在位者有美德就能与大家共同享乐，众人快乐就能统治长久。"……范宣子很高兴，于是减轻了诸侯的进贡。

在治理郑国上，子产让城市和乡村有所区别，上下尊卑各有职责，田地之间有疆界和沟渠，住宅区居民有其编伍。对卿大夫中忠诚俭朴的，听从他，亲近他；骄傲奢侈的，依法惩办。……子产参与政事一年，人们歌唱道："计算我的家产而收财物税，丈量我的耕地而征收田税。谁杀死子产，我就助他一臂之力。"到了三年，又歌唱道："我有子弟，子产教诲；我有田地，子产栽培。子产如果死了，还有谁能继承他呢？"

子产治理郑国共 26 年，受到人们的爱戴。所以，子产死后，出现了全国百姓哭祭的情景。孔子曾经路过郑国，听到子产死去，悲哭道："子产的仁爱，真是古代的遗风啊！"

【义理揭示】

子产以"有德则乐,乐则能久"之理说服范宣子,最后减轻了郑国百姓的负担,也成就了范宣子的美德;在治理郑国上,他讲究方法,惩恶扬善,赢得了百姓的口碑。子产在郑国为相数十年,仁厚慈爱、轻财重德、爱民重民,不仅以德服人,而且能以"法"治国。难怪孔子说子产的仁爱有古代的遗风,后来清朝的王源推许子产为"春秋第一人"。

六 仁人贤相孙叔敖

【原文选读】

孙叔敖者,楚之处士①也。虞丘相进之于楚庄王,以自代也。三月为楚相,施教导民,上下和合②,世俗盛美③,政缓禁止④,吏无奸邪,盗贼不起。秋冬则劝民山采,春夏以水⑤,各得其所便,民皆乐其生。

庄王以为币轻,更以小为大,百姓不便,皆去其业。市令言之相曰:"市乱,民莫安其处⑥,次行⑦不定。"相曰:"如此几何顷⑧乎?"市令曰:"三月顷。"相曰:"罢,吾今令之复矣。"后五日,朝,相言之王曰:"前日更币,以为轻。今市令来言曰'市乱,民莫安其处,次行之不定'。臣请遂令复如故。"王许之,下令三日而市复如故。

楚民俗好庳车⑨,王以为庳车不便马,欲下令使高之。相曰:"令数下,民不知所从,不可。王必欲高车,臣请教闾里⑩使高其捆⑪。乘车者皆君子,君子不能数下车。"王许之。居半岁,民悉

自高其车。

此不教而民从其化，近者视而效之，远者四面望而法之。故三得相而不喜，知其材自得之也；三去相而不悔，知非己之罪也。

（选自西汉·司马迁《史记·循吏列传》

注释：

①处士：隐居不仕的人。

②和合：和睦同心。

③盛美：非常美好。

④禁止：有禁则止，听从命令。

⑤春夏以水：一本作"春夏以水下"，意为春夏时节借河水上涨使采伐的林木顺流而下运出去。

⑥莫安其处：无人安心于在市中经营本业。处，位置。

⑦次行：秩序。

⑧几何顷：有多久。顷，时间短，此泛指时间。

⑨庳（bēi）车：矮车。

⑩闾里：乡里，古代居民组织。先秦时以25家为里，12500户为乡。

⑪捆：门槛。

【文意疏通】

孙叔敖是楚国的隐者。国相虞丘把他举荐给楚庄王，想让他接替自己的职务。孙叔敖为官三个月就升任国相，他施政教民，使得官民之间和睦同心，风俗十分淳朴。他执政宽缓不苛却有禁必止，官吏不做邪恶伪诈之事，民间也无盗窃事件发生。秋冬两季他鼓励人们进山采伐林木，春夏时便借上涨的河水把木材运出山外。百姓各有便利的谋生之路，都生活得很安乐。

楚庄王认为楚国原有的钱币太轻，就下令把小钱改铸为大钱，百姓用起来很不方便，纷纷放弃了自己的本业。管理市场的长官向国相孙叔敖报告说："市场混乱，老百姓无人安心在那里做买卖，秩序很不稳定。"孙叔敖问："这种情况有多久了？"对方回答："已经有三个月了。"孙叔敖说："不必多言，我现在就设法让市场恢复原状。"五天后，他上朝向楚庄王劝谏说："先前更改钱币，是认为旧币太轻了。现在管理市场的官员来报告说'市场混乱，百姓无人安心在那里谋生，秩序很不稳定'。我请求立即下令恢复旧币制。"楚庄王同意了，颁布命令才三天，市场就恢复了原貌。

楚国的民俗是爱坐矮车，楚王认为矮车不便于驾马，想下令把矮车改高。国相孙叔敖说："政令屡出，使百姓无所适从，这不好。如果您一定想把车改高，臣请求让乡里人家加高门槛。乘车人都是有身份的君子，他们不能为过门槛频繁下车，自然就会把车的底座造高了。"楚王答应了他的请求。过了半年，上行下效，老百姓都主动把坐的车子造高了。

这就是孙叔敖不用下令管束而百姓就自然顺从了他的教化，身边的人亲眼看到他的言行便仿效他，离得远的人依据四周人们的变化也跟着效法。所以孙叔敖三次荣居相位并不沾沾自喜，他明白这是自己凭借才干获得的；三次离开相位也并无悔恨，因为他知道自己没有过错。

【义理揭示】

孙叔敖恢复币制，不干扰市场秩序，体现了其为相的安民策略；不依赖颁布命令而是通过增高门槛来达到增高车子的目的，体现了其为相的化民策略。总之，身为宰相，孙叔敖一切从百姓的实

际利益出发，辅佐楚庄王宽教缓政，发展经济，政绩赫然，真可谓
"仁人贤相"了。

七 龚遂"缓"治渤海郡

【原文选读】

　　宣帝即位，久之，渤海左右郡岁饥，盗贼并起，二千石①不能
禽②制。上选能治者，丞相、御史举遂可用，上以为渤海太守。

　　时遂年七十余，召见，形貌短小，宣帝望见，不副所闻，心内
轻焉，谓遂曰："渤海废乱③，朕甚忧之。君欲何以息其盗贼，以
称朕意？"遂对曰："海濒④退远，不沾圣化，其民困于饥寒而吏不
恤，故使陛下赤子盗弄陛下之兵于潢池⑤中耳。今欲使臣胜之邪，
将安之也？"上闻遂对，甚说⑥，答曰："选用贤良，固欲安之也。"
遂曰："臣闻治乱民犹治乱绳，不可急也；唯缓之，然后可治。臣
愿丞相、御史且无拘臣以文法，得一切便宜从事⑦。"上许焉，加
赐黄金，赠遣乘传。

　　至渤海界，郡闻新太守至，发兵以迎，遂皆遣还，移书敕属县
悉罢逐捕盗贼吏。诸持锄钩⑧田器者皆为良民，吏毋得问，持兵者
乃为盗贼。遂单车独行至府，郡中翕然⑨，盗贼亦皆罢。渤海又多
劫略相随⑩，闻遂教令，即时解散，弃其兵弩而持钩锄。盗贼于是
悉平，民安土乐业。遂乃开仓廪假贫民，选用良吏，慰安牧养焉⑪。

　　遂见齐⑫俗奢侈，好末技⑬，不田作，乃躬率以俭约，劝⑭民务
农桑。……民有带持刀剑者，使卖剑买牛，卖刀买犊⑮，曰："何
为带牛佩犊！"春夏不得不趋田亩，秋冬课⑯收敛，益蓄果实菱芡。

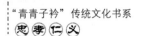
劳来循行^⑰，郡中皆有畜^⑱积，吏民皆富实。狱讼止息。

（选自东汉·班固《汉书·循吏传》）

注释：

①二千石（dàn）：年俸禄为二千石的官吏。此指郡守。

②禽：通"擒"。

③废乱：法纪废弛，社会动乱。

④海濒：靠近海边的地方。

⑤潢（huáng）池：即池塘。此指渤海郡。

⑥说：通"悦"。

⑦便宜从事：指可斟酌情势，不拘规制条文，不须请示，自行处理。

⑧钩：镰刀。

⑨翕（xī）然：一下子安定下来。

⑩劫略相随：指盗贼团伙。

⑪牧养焉：管理并教养百姓。

⑫齐：渤海一带古为齐地。

⑬末技：指工商业。

⑭劝：鼓励。

⑮犊：小牛。

⑯课：督促。

⑰劳来循行：巡行劝勉。循，通"巡"。

⑱畜：通"蓄"。

【文意疏通】

汉宣帝即位，过了很长一段时间，渤海及其邻郡年成不好，盗贼纷纷出现，当地郡守无法捕拿制服。皇上想选拔善于治理的人，丞相、御史推荐龚遂可以胜任，皇上便任命他做渤海郡太守。

当时龚遂已经 70 多岁了，被召见时，由于他个子矮小，宣帝远远望见，觉得跟传闻中的龚遂不相合，心里有点轻视他，对他说："渤海郡政事荒废，秩序紊乱，我很担忧。先生准备怎样平息那里的盗贼，使我称心如意呢？"龚遂回答说："渤海郡地处海滨，距京城很远，没有受到陛下圣明的教化，那里的百姓被饥寒所困，而官吏们不体贴，所以使您的原本纯洁善良的臣民偷来您的兵器，在您的土地上玩玩罢了。您现在是想要我用武力战胜他们，还是安抚他们？"宣帝听了龚遂的应对很高兴，就回答说："既然选用贤良的人，本来就是想要安抚百姓。"龚遂说："我听说治理秩序混乱的百姓就如同解紊乱的绳子，不能急躁，只能慢慢地来，然后才能治理。我希望丞相、御史暂时不要用法令条文来约束我，让我能够根据实际情况，不呈报上级而按照最有效的办法处理事情。"宣帝答应了他的要求，格外赏赐他黄金物品，派遣他上任。

龚遂来到渤海郡边界，郡中官员听说新太守来了，派出军队迎接，龚遂把他们都打发回去了，然后下达文件命令所属各县全部撤销捕捉盗贼的官吏，那些拿着锄头、镰刀等种田器具的都是良民，官吏们不得查问，拿着兵器的才是盗贼。龚遂独自乘车来到郡府，郡中一片和顺的气氛，盗贼们也都收敛了。渤海郡有许多合伙抢劫的，听到龚遂的训诫和命令，当即散伙了，他们丢掉手中的兵器弓箭，拿起了锄头、镰刀。盗贼没有了，百姓安居乐业。龚遂还打开地方的粮仓，赈济贫苦百姓，选用贤良的地方官吏，安抚并管理百姓。

龚遂看见渤海一带风俗很奢侈，喜欢从事工商业，不爱从事农业生产，就亲自带头实行勤俭节约的作风，鼓励百姓从事耕作和养蚕种桑。……百姓有佩带刀剑的，让他们卖掉刀剑买牛犊，他说：

"为什么不带牛佩犊呢!"春夏季节（龚遂）鼓励人们到田里劳动生产，秋冬时督促人们收获庄稼，又种植和储藏瓜果、菱角、鸡头米等多种经济作物，还巡视、劝勉人们努力耕作。郡中人们都有了积蓄，官吏和百姓都很富足殷实，犯罪和打官司的都没有了。

【义理揭示】

一个年逾古稀的小老头，被皇上选拔到一个偏远的郡县去治理盗贼和发展生产。治理盗贼，他没有采用简单的急风暴雨式的以暴制暴的方法，而是"唯缓之""便宜从事"，最后"盗贼于是悉平，民安土乐业"；治理生产，他不是简单地发号施令，而是身体力行，"躬率以俭约"，然后再"劝民务农桑"，最后"吏民皆富实"。龚遂以"缓"和"躬"爱护百姓，实质是用宽缓的办法治理百姓，以仁爱之心对待百姓。

八 魏母爱前妻之子

【原文选读】

魏芒慈母者，魏孟阳氏之女，芒卯之后妻也，有三子。前妻之子有五人，皆不爱慈母。遇之甚异，犹不爱。慈母乃命其三子，不得与前妻子齐衣服饮食，起居进退甚相远，前妻之子犹不爱。

于是前妻中子犯魏王令当①死，慈母忧戚悲哀，带围减尺，朝夕勤劳以救其罪人。有谓慈母曰："人不爱母至甚也，何为勤劳忧惧如此?"慈母曰："如妾亲子，虽不爱妾，犹救其祸而除其害，独于假子②而不为，何以异于凡母③! 其父为其孤也，而使妾为其继

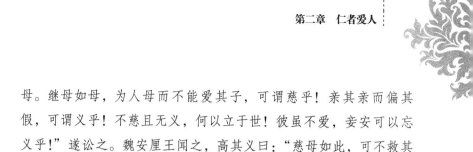

母。继母如母，为人母而不能爱其子，可谓慈乎！亲其亲而偏其假，可谓义乎！不慈且无义，何以立于世！彼虽不爱，妾安可以忘义乎！"遂讼之。魏安厘王闻之，高其义曰："慈母如此，可不救其子乎！"乃赦其子，复其家。

自此五子亲附慈母，雍雍④若一。慈母以礼义之渐，率导八子，咸为魏大夫卿士，各成于礼义。君子谓慈母一心。……颂曰：芒卯之妻，五子后母，慈惠仁义，扶养假子，虽不吾爱，拳拳若亲，继母若斯，亦诚可尊。

（选自西汉·刘向《列女传·母仪传》）

注释：

①当：判罪。

②假子：夫的前妻之子或妻的前夫之子。

③凡母：庸常之母。指不爱丈夫前妻之子的继母。

④雍雍：和乐的样子。

【文意疏通】

魏芒慈母，是孟阳氏的女儿，战国时魏国人，是芒卯的后妻，生了三个孩子。但芒卯与前妻也生了五个孩子，他们都不喜欢继母。继母并不介意，主动接近他们，关心他们，像对待自己的亲生孩子一样去抚爱他们，但是他们还是不喜欢这个继母。于是她让自己亲生的三个孩子不要与他们争多论少，并在衣食起居等各方面照顾那五个孩子，可是，这五个孩子还是不大喜欢她。

有一次，那五个孩子中的一个孩子触犯了魏王的法令，要被判处死刑。继母非常担心着急，千方百计要营救这个孩子。由于早晚操劳这事，继母消瘦了不少。邻居们都知道芒卯前妻留下的那五个孩子不怎么喜欢她，不听话，也不尊敬她，看到她如此诚心要搭救那个孩子，很不理解。有人就对芒卯的后妻说："芒卯前妻的孩子那样不喜欢你，你何必为他的事瞎忙呢？"她说："假如我亲生的孩子不喜欢我，不尊重我，一旦他们遇上了灾祸，我管不管呢？我肯定要管，一定要想方设法解除他们的灾祸。唯独芒卯前妻留下的孩子有了灾祸，我不闻不问，置之不理，这和他们没有母亲又有什么两样呢！他们的父亲把我娶过来，要我做他们的继母，继母也是母亲呀！做孩子的母亲，不是真心爱他们，怎么能称得上是慈母呢？做继母的，只是偏爱自己的亲生儿女，而疏远那不是亲生的儿女，这能符合道义吗？不慈爱也不讲道义，怎么在社会上立足？这些孩子虽然不喜欢我、不尊敬我，但我作为母亲，绝不能背弃做母亲的职责。"她一心为营救丈夫前妻留下的孩子而奔走的这件事被魏王知道了。魏王高度赞扬这位深明大义的母亲，对官员们说："作为继母，能如此懂得义理，我们还有什么理由不原谅她的儿子呢！"魏王当即下令，赦免她儿子的罪过，释放回家。

从此，那五个孩子都从内心里爱戴继母，母子之间亲密无间。在这位母亲的精心培养教育下，八个孩子都很有出息，都成为魏国的公卿大夫，而且都成为讲礼义之人。君子高度称赞继母的一视同仁无所偏爱，说道："芒卯的妻子，五个孩子的后母，慈仁且深明大义，扶养前妻之子，虽对方不喜欢自己，但待他们却像亲生儿子一样，像这样的继母，实在是值得我们尊敬！"

【义理揭示】

三个孩子的母亲，也是五个孩子的继母，视这五个孩子如己出，不仅赢得这些孩子的真诚爱戴，而且受到国君的称赞。魏母仁德，源于她的"一心"——相同的心意和无所偏爱，即便她的爱心不被他人认可，或被人误解。魏母的"慈惠仁义"让全家人和睦团结，也为后世树立了一个优秀继母的典范。

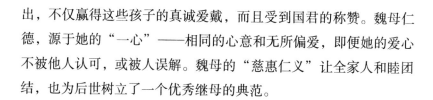 **九 乐羊子妻巧劝夫**

【原文选读】

河南乐羊子之妻者，不知何氏之女也。

羊子尝行路，得遗金一饼，还以与妻。妻曰："妾闻志士不饮'盗泉'之水，廉者不受嗟来之食，况拾遗求利，以污其行乎!"羊子大惭，乃捐①金于野，而远寻师学。

一年来归，妻跪问其故，羊子曰："久行怀思，无它异也。"妻乃引刀趋机而言曰："此织生自蚕茧，成于机杼。一丝而累，以至于寸，累寸不已②，遂成丈匹。今若断斯织也，则捐失③成功，稽废④时日。夫子积学，当'日知其所亡'⑤，以就懿德⑥；若中道而归，何异断斯织乎?"羊子感其言，复还终业，遂七年不返。

（选自南朝宋·范晔《后汉书·列女传》）

注释：

①捐：丢弃，舍弃。

②累寸不已：不停地一寸一寸地积累。

③捐失：失去。

④稽废：稽延荒废。

⑤日知其所亡：语出《论语·子张》，"日知其所亡，月无忘其所能，可谓好学也已矣。"亡，通"无"，没有。

⑥懿德：美德。

【文意疏通】

河南乐羊子的妻子，已经不知道原来是姓什么的人家的女儿。

羊子在路上行走时，曾经捡到一块别人丢失的金子，拿回家把金子给了妻子。妻子说："我听说有志气的人不喝'盗泉'的水，廉洁方正的人不吃讨来的食物，何况是捡拾别人的失物、谋求私利来玷污自己的品德呢！"羊子听后十分惭愧，就把金子扔弃到野外，然后远出拜师求学去了。

一年后羊子回到家中，妻子跪着问他回来的缘故。羊子说："出行在外久了，心中想念家人，没有别的特殊的事情。"妻子听后，就拿起刀来快步走到织机前说道："这些丝织品都是从蚕茧中生出，又在织机上织成。一根丝一根丝地积累起来，才达到一寸长，一寸一寸地积累，才能成丈成匹。现在如果割断这些正在织着的丝织品，那就无法成功织出布匹，稽延荒废时光。你积累学问，就应当'每天都学到自己不懂的东西'，以此成就自己的美德；如果中途就回来了，那同切断这丝织品又有什么不同呢？"羊子被他妻子的话感动了，重新回去修完了自己的学业，并且七年没有回来。

【义理揭示】

丈夫拾得一块遗金，妻子用"志士不饮'盗泉'之水，廉者不受嗟来之食"的道理使丈夫惭愧；丈夫读书中道而归，妻子以引

刀断织为喻促其发奋努力，于是丈夫回去重新修完了自己的学业。乐羊子妻以仁爱之心劝导丈夫，同时帮助丈夫树立了美德、成就了学业。作为一位普通的妻子，她值得后人称颂。

✚ 唐太宗安人之道

【原文选读】

　　贞观二年，太宗谓侍臣曰："凡事皆须务本。国以人为本，人以衣食为本，凡营衣食，以不失时为本。夫不失时者，在人君简静①乃可致耳。若兵戈屡动，土木不息，而欲不夺农时，其可得乎？"王珪②曰："昔秦皇、汉武，外则穷极兵戈，内则崇侈宫室，人力既竭，祸难遂兴。彼岂不欲安人乎？失所以安人之道也。亡隋之辙，殷鉴③不远，陛下亲承其弊，知所以④易之。然在初则易，终之实难。伏愿慎终如始，方尽其美。"太宗曰："公言是也。夫安人宁国，惟在于君。君无为则人乐，君多欲则人苦。朕所以⑤抑情损欲，克己自励耳。"

　　贞观二年，京师旱，蝗虫大起。太宗入苑视禾，见蝗虫，掇⑥数枚而咒曰："人以谷为命，而汝食之，是害于百姓。百姓有过，在予一人，尔其⑦有灵，但当蚀我心，无害百姓。"将吞之，左右遽谏曰："恐成疾，不可。"太宗曰："所冀移灾朕躬，何疾之避？"遂吞之。自是蝗不复为灾。

（选自唐·吴兢《贞观政要·务农》）

注释：

　　①简静：简易宁静，不苛繁百姓。

　　②王珪：唐贞观二年任侍中，与房玄龄、魏徵、杜如晦等齐名。

　　③殷鉴：泛指可以作为后人鉴戒的往事。

　　④易：改变。

　　⑤所以：……的原因。

　　⑥掇（duō）：拾取。

　　⑦其：如果。

【文意疏通】

　　贞观二年，唐太宗对侍从的大臣们说："任何事情都必须掌握根本。国家以人民为根本，人民以衣食为根本，经营农桑衣食，以不失时机为根本。要不失时机，只有君主不生事劳民才能做到。假若连年打仗，营建不停，而又想不占用农时，能办得到吗？"大臣王珪说："从前，秦始皇、汉武帝，对外穷兵黩武，对内大建宫室，人力既已用尽，灾祸也就接踵而至，他们难道就不想安定百姓吗？只是没有使用安定百姓的正确方法。隋代灭亡的教训距今不远，陛下亲自承受了隋朝遗留下来的弊病，懂得怎样去改变。不过刚开始还比较容易，要坚持到底就很难。我真希望陛下自始至终都能小心谨慎，从而善始善终。"太宗说："你讲得很对。安定百姓和国家，关键在于君主，君主能与民休息，百姓就欢乐，君主多私欲，百姓就痛苦，这就是我不敢任情纵欲，而不断克制、告诫自己的原因。"

　　贞观二年，京城大旱，蝗虫成灾。唐太宗亲自到田野去看稻谷，看见蝗虫猖獗，就捡起了几只并骂道："百姓视稻谷为生命，你却把谷子吃了，你是在危害百姓。如果说老百姓有罪过，那么责任也只在于国君一人，如果你真的有灵性，就应当只啃噬我的心脏，不要危害百姓。"说完就要把蝗虫吃掉，左右的臣子大惊，连忙制止说："吃了恐怕要生病，万万不可。"唐太宗说："我只希望把灾祸转移到我身上，还怕什么疾病呢？"说完便一口将蝗虫吞下。从此，蝗虫不再成灾。

【义理揭示】

唐太宗一番话的核心可概括为安人之道，而"吞蝗"的故事则从实际行动证明了这一点。安人之道很重要的一方面即重视和发展农业生产，由于中国传统社会以农业为中心，历代王朝都把农业作为国家的根本，农业发达，国家才能富庶，社会才能安定，人民才能丰衣足食，因此唐太宗才会有视蝗灾有如蚀心之痛，而有"冀移灾朕躬"之心。唐太宗的民本思想正是他仁政思想的一个侧面。

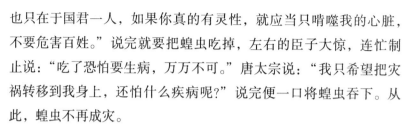

十一　周济以仁心为政

【原文选读】

周济，字大亨，洛阳人。永乐中，以举人入太学，历事都察院。都御史刘观荐为御使，固辞。宣德时，授江西都司断事。艰^①归，补湖广。正统初，擢御史。大同镇守中官以骄横闻，敕济往廉^②之。济变服负薪入其宅，尽得不法状，还报，帝大嘉之。已，巡按四川。威州土官董敏、王允相仇杀，诏济督官兵进讨，济曰："朝廷绥安远人，宜先抚而后征。"驰檄^③谕^④之，遂解。

十一年出为安庆知府。岁比不登^⑤，民间鬻^⑥子女充衣食，方^⑦舟而去者相接。济借漕粮以赈，而禁鬻子女者。且上疏请免租，诏许之，全活甚众。又为定婚丧制，禁侈费，愆⑧嫁葬期者有罚，风俗一变。饥民聚掠富家粟，富家以盗劫告。济下令曰："民饥故如此，然得谷当报太守数，太守当代尔偿。"掠者遂解散。

济卒官，民皆罢⑨市巷哭云。

（选自《明史·列传》）

注释：

　①艰：指父母之丧。

　②廉：考察，查访。

　③檄：公文，此指下令，命令。

　④谕：劝告。

　⑤登：谷物成熟。

　⑥鬻：卖。

　⑦方：两船并行。

　⑧愆：失掉，错过。

　⑨罢：停止，关闭。

【文意疏通】

　　周济，字大亨，是洛阳人。永乐年间以举人身份入太学，后历任都察院官职。都御史刘观荐举他为御史，他坚决请辞。宣德年间，被授江西都司断事，因为父母去世而归家守丧，后任职于湖广。正统初年提升为御史。镇守大同的太监骄横无忌臭名远扬，朝廷派周济去调查。周济装扮成普通人，背着薪柴进入这个太监家中，查明了他的一切不法事实，奏报朝廷，英宗非常赞许他。随后周济又巡按四川。四川威州的当地官员董敏、王允相互仇杀，朝廷令周济督率官兵征讨。周济建议说："朝廷安抚远方之人，应先安

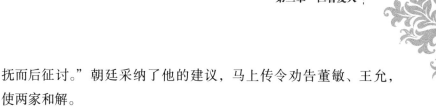

抚而后征讨。"朝廷采纳了他的建议，马上传令劝告董敏、王允，使两家和解。

正统十一年，周济出任安庆知府。这一带连年年成不好，老百姓卖儿卖女苟且求活，乘船去他乡的人络绎不绝。周济借官府漕粮赈济老百姓，并禁止卖儿卖女。与此同时，他又上书请求朝廷免征租税，得到朝廷的批准，使很多人活了下来。他还制定了婚丧礼制，禁止奢侈，凡迟嫁缓葬的人要受处罚，安庆风俗为之一变。有一次，饥民聚集抢夺富人家的粮食，富家以强盗抢劫为由报告官府，周济下令说："老百姓饥饿才抢粮。但是抢了粮食的人要把数量报告给太守，太守代为偿还。"于是抢粮的人解散了。

周济在任上去世，老百姓停业关门为他恸哭。

【义理揭示】

对当地土官相互仇杀的治理，周济上书"先抚而后征"，又以仁德为先解散了抢夺富人粮食的饥民；面对安庆百姓年成不好、鬻子充食的窘境，周济又上疏请免租，"全活甚众"；并且通过制定婚丧礼制来禁止奢侈，安庆风俗为之一变。为官一任，造福一方，周济为政，以仁爱为本，为百姓着想，最终得到了人民的爱戴。

文化倾听

"仁"，是儒家思想的核心内容，也是中华民族文化中伦理的首要内容。在中华民族几千年的历史文化长河中，它对人格的培育、心性的养成，待人待己、安邦治世，起到了极为重要的规范、约束和引导作用。

什么是"仁"呢？儒家经典《中庸》和《孟子》中有两句经典而简明的回答。一句是《中庸》中的"仁者，人也"，另一句是《孟子·离娄下》中的"仁者爱人"。两句话既有联系又有区别，前者是说"仁"就是做人的道理，后者则强调这个道理就是"爱人"，两句合起来理解，就是人要养成爱人的仁德之心。古人认为仁的本质就是人本身。"故人者，天地之心也，五行（即仁义礼智信）之端也"，"天地之性，人为贵"。正是基于这样的认识，孔孟之道才那样强调"人"和"爱人"。孟子则把爱人、重人的观念引申到社会政治领域，提出"民为贵，社稷次之，君为轻"的重要思想。他在"爱人"的思想基础之上提出"不忍人之心"的观点，认为"不忍人之心"是"不忍人之政"（即仁政）的思想来源，也即统治者把自己的"不忍人之心"推己及人，这样天下才能大治。

因此，从"爱人"的角度来看，孔孟之道所提倡的"仁"大抵可分为两层：一层是"仁心"，另一层是"仁政"。前者指为人的道德境界，后者强调为君的治国方略。

"仁心"又有三层内涵：一是热爱亲人的大义精神；二是关爱世人的博爱精神；三是坚守人性人心的道德原则。

孔孟之道所讲的"爱人"，首先是要爱自己的亲人，要"亲亲为大"，要遵循"入则孝，出则悌"的原则。孔孟之道其实也道出了一个为人的常理，一个人如果连自己的父母手足都不爱，怎么可能去爱他人。所以孔子反复强调说"孝弟（悌）也者，其为仁之本与"，孟子也强调仁的本质首先是对亲人的侍奉，因此，在传统儒家道德伦理观中，父慈、子孝、兄恭、弟悌成为重要的道德规范，并为后人极力推崇。

　　但是，儒家所讲的仁爱又不仅仅是爱家人，还包含有重要的博爱精神。孔孟之道强调"爱人"又要求"泛爱众而亲仁"，要"博施于民而能济众"，就是这种博爱精神的最为直接的体现，正所谓"四海之内，皆兄弟也"。在《孟子》中有一句名言"老吾老，以及人之老；幼吾幼，以及人之幼"，也是这种精神的继承和发扬。《孟子》中还提出"爱人"之心就是"不忍人之心"，即不忍心看到别人的困苦危难之心、同情心和怜悯心，这也是"仁"的博爱精神的另一种体现。

　　由于"仁"是由内而外产生的情感，因此，一个人仁与不仁，完全是由内心决定的，正如孔子强调的"仁远乎哉？我欲仁，斯仁至矣"。从美德的角度来看，仁包括温、良、恭、宽、信、让等多种外在表现，但是，所有这些外在表现都不是"仁"的全部，而是"仁"的一个侧面。之所以强调这点，是因为孔子还提出了对"仁"的重要的判断标准，他说"刚毅木讷近仁""巧言令色鲜矣仁"，也就是说，"刚毅木讷"可能接近仁，而"巧言令色"就离仁太远了。孔子定下这个判断的依据即是人的内外表里要具有一致性。因为人的外在表现不一定同内心信念相吻合，由此，判断一个人是否具备"仁"，不在于他有意识的外显，而在于他无意识的流露。如果我们还原孔子对"仁"的这一番说明，可以发现他是把判断"仁"的重点放在对人内心的考察上。用这个标准去臧否人物，我们或许就可以区分"真君子"和"伪君子"、为人的真性情和矫揉造作了。

　　从以上所选的故事来看，"商汤网开三面"体现的是他由鸟及人、推己及人的仁慈心怀，这种心怀是他日后成为国君的一个重要条件；"乐羊子妻巧劝夫"中妻子以仁爱之心劝导丈夫，并帮助丈

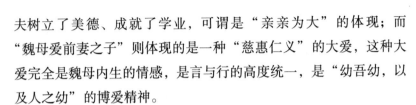

夫树立了美德、成就了学业，可谓是"亲亲为大"的体现；而"魏母爱前妻之子"则体现的是一种"慈惠仁义"的大爱，这种大爱完全是魏母内生的情感，是言与行的高度统一，是"幼吾幼，以及人之幼"的博爱精神。

"仁政"则体现为君臣爱民的民本思想，从以上所选文段来看，主要体现的是国君的安民、化民和富民思想。

孟子在这方面论述颇多，他从治民的实际提出过一些主张，并将重点放在改善民生和加强教化。他认为第一"要制民之产"，认为"七十者衣帛食肉，黎民不饥不寒，然而不王者，未之有也"。同时认为实行仁政必须做到"省刑罚，薄税敛"，也就是要简省刑罚，减免赋税，将重点落到发展农业生产等要事上来，这样才能巩固国家经济、政治、生活的基础。在此基础上，才能加强对百姓的修养和教化，使百姓热爱自己的国土，并团结一心一致对外，政权由此得到巩固。以上所选"子产为相施仁爱""仁人贤相孙叔敖""唐太宗安人之道""周济以仁心为政"等故事都体现了为君为臣的安民思想。贤相孙叔敖不依赖颁布命令，而是通过增高门槛来达到增高车子的目的，体现了其化民思想。龚遂治理渤海郡"劝民务农桑"，最后"吏民皆富实"，孙叔敖辅佐楚庄王宽教缓政、发展经济，政绩赫然，都是富民思想的表现。

总之，"仁心"和"仁政"，一个诉诸内、求诸己，一个诉诸外、施于人，都共同构成了"仁者爱人"这一思想的核心与重点。当今社会虽然已不再一味强调将"仁"作为道德的最高范畴，但"仁"的思想和精神至今仍影响着我们，引领着我们去做一个有爱心的人、一个道德高尚的人，并不断完善自己的人格追求。"仁政"思想则需要我们批判地吸收和继承，让其在当代开出美丽的花朵。

文化传递

在地处北疆的青河有这样一个家庭：祖孙三代，6 个民族，183 口人。有这样一位母亲：她生育了 9 个儿女，收养了 10 个孤儿。这位平凡而伟大的母亲名叫阿尼帕·阿力马洪，在那个缺衣少食的年代，阿尼帕用一个女人的善良、一位母亲的爱心收养了那么多的孩子，她用自己的实际行动践行了中华民族"仁者爱人"的朴素美德。

现年 76 岁的阿尼帕和丈夫阿比包（已去世）收养了汉、回、维、哈 4 个民族的 10 个孤儿，加上自己生育的孩子，以博大的慈母之心，创造了至真至纯的温暖之家。同时，她还把仁爱之心播撒到社会，帮助了许多困难中的人们。

1957 年，阿尼帕与阿比包成婚。1960 年，他们的第一个孩子诞生。孩子出生不久，阿尼帕的母亲被查出是胃癌晚期，不久便撒手人寰。母亲去世的第 6 天，父亲心脏病突发，连一句嘱托也没留下，便随母亲而去。他们留下 7 个孩子，最大的 20 岁，最小的只有 1 岁半。弟弟妹妹还小，全部的生活重担落在了年轻的阿尼帕肩上。

为了挣钱补贴家用，阿尼帕在供销社找了一份临时工——清洗羊下水，清洗一副的报酬是两毛钱。每天站在冰冷的河水里，一站就是大半天。为了那两毛钱，阿尼帕生下第二个孩子第 6 天就去下河，她从此落下了风湿病，一辈子要承受病痛之苦。在七兄妹中，只有阿尼帕没有上过学。阿尼帕虽然没有文化，可她不愿意看到弟

弟妹妹们失学。而且，尽管学习条件如此艰苦，上学的弟弟妹妹的学习成绩总是名列前茅。这让阿尼帕感到由衷的欣慰。

一年又一年，阿尼帕的家庭成员发生了很大的变化。继抚养6个兄妹之后，阿尼帕接连生了8个孩子，又领养了10个孤儿。1963年，阿尼帕的哈萨克族邻居亚和甫夫妇相继去世，留下3个未成年孩子。生性善良的阿尼帕深知孩子失去父母的辛酸和孤单，便收养了他们。1977年，王淑珍11岁时，父亲不幸去世，母亲改嫁。后来母亲也撒手人寰，兄妹四人无人照顾，流浪街头。在一个寒冷的冬日，阿尼帕将蓬头垢面的小淑珍领回家，她的哥哥和两个妹妹也来了。1989年，王淑珍继父去世，阿尼帕又把她继父的3个汉族孤儿接到家里。

收养这些不同民族的孩子，阿尼帕和丈夫付出了难以想象的艰辛。为了不让孩子们饿肚子，阿比包每天下了班就去帮人家打土块，阿尼帕每天都到菜市场拣别人不要的蔬菜。家里虽然养了两头奶牛，但谁也不舍得喝奶，全部到市场换成零钱支付孩子们的学费和购买生活必需品。为给一家20多口人做饭，她专门买了一口直径1.2米的铁锅，它被称作"团圆锅"。阿尼帕对收养的孩子比亲生孩子还亲，她最小的亲生女儿上初中时还没穿过一件新衣裳。

时至今日，当人们问阿尼帕，你当年养了那么多孩子是出于什么动机时，她淡淡地说："都是当母亲的，养育孩子是母亲的天职，为了他们我干什么都不觉得苦和累，现在，不是走过来了吗？在我们这个家里，从来没有民族之分，他们都是我的孩子，都是我的血脉，我们是一个和谐的大家庭。"

除了抚养孩子，阿尼帕夫妇还做了很多好事。2003年，阿尼帕帮助寻亲无望差点自杀的哈萨克族姑娘古丽找到工作，还让她到家

里住。同年，阿尼帕为大龄孕妇江阿古丽筹集 1000 元钱，召集儿女为她献血，手术后接到家里照顾。同年 5 月，资助贫困的孕妇乌拉斯汗顺利做了引产手术。青河阿尕什敖包乡的贫困户切克斯的手有严重残疾，1984 年以来，一直把阿尼帕家当成自己的家，面粉常年由阿尼帕一家供应。2008 年 5 月汶川大地震发生后，阿尼帕捐款 1000 元，还找到民政部门要求再收养 10 个孤儿，她说："只要我有口吃的，就有他们的。"

近年来，她还参加了爱心慈善母亲协会的所有活动，为贫困儿童送去母亲的温暖。阿热勒乡东特村江阿古力的儿子没钱上学，他们找到阿尼帕后，阿尼帕当即给了该少年 1000 元钱，并且把他留在家中，为其免费提供食宿，至今该学生仍寄住在她家。2012 年 3 月，阿尼帕给县中学的 6 名贫困优秀学生（其中 4 人是汉族，2 人是哈萨克族）每人捐赠了 500 元钱。2012 年六一儿童节时，老人与爱心慈善母亲协会的其他成员一起参加了阿热勒乡牧寄校的"庆六一、送爱心"活动，在活动中老人了解到家住呼尔森村的一位小姑娘在父母离婚后跟着爷爷生活，条件艰苦，于是马上与小姑娘结对成为她的慈善资助人，负担起小女孩的学费和买衣服的费用。

"她把孩子们无助的眼神化作对世界的希望，把弱小心灵的惶恐抚平成面对尘世的从容。"阿尼帕的热心也深深地影响着她身边的孩子们。她的子女们已经养成了习惯，谁家有困难，只要他们知道了，再难也会搭一把手。侄女热孜万古丽资助了 3 个贫困学生，她说："我学会了爱，学会了帮助更困难的人，并从中得到快乐。"

1. 《论语》《孟子》中有关"仁"的论述颇多，请在课外阅读并摘抄两书中关于"仁"的论述各十条，并体会其中的含义。

2. "仁者爱人"是孔子伦理学思想体系的核心之一。有人这样理解："仁"延伸到父母是"孝"，"仁"延伸到兄弟是"悌"，"仁"延伸到子女是"慈"，"仁"延伸到朋友是"信"，"仁"延伸到人类是"仁民"，"仁"延伸到自然就是"爱物"。你如何看待以上观点？

3. 当代不乏志士仁人，我们身边也肯定有很多仁爱之人，请选择一位，参照"感动中国人物"颁奖词的写法，写一篇150字左右的人物短评。

第三章　孝悌无违

一　孔子论"孝"

【原文选读】

有子^①曰："其为人也孝弟^②，而好犯上者，鲜矣！不好犯上，而好作乱者，未之有也。君子务本，本立而道生。孝弟也者，其为仁之本与！"

（《论语·学而》）

子曰："父在，观其志；父没^③，观其行；三年无改于父之道，可谓孝矣。"

（《论语·学而》）

孟懿子^④问孝。子曰："无违^⑤。"樊迟御^⑥，子告之曰："孟孙问孝于我，我对曰，'无违'。"樊迟曰："何谓也？"子曰："生，事之以礼；死，葬之以礼，祭之以礼。"

（《论语·为政》）

孟武伯^⑦问孝。子曰："父母唯其疾^⑧之忧。"　　（《论语·为政》）

子游问孝。子曰："今之孝者，是谓能养。至于犬马，皆能有

养；不敬，何以别乎？" 　　　　　　　　　　　　（《论语·为政》）

子夏问孝，子曰："色难⑨。有事，弟子服其劳；有酒食，先生馔。曾是以为孝乎？" 　　　　　　　　　（《论语·为政》）

子曰："事父母几⑩谏。见志不从，又敬不违，劳而不怨。"

　　　　　　　　　　　　　　　　　　　　（《论语·里仁》）

子曰："父母在，不远游，游必有方⑪。" 　　（《论语·里仁》）

注释：

①有子：孔子的学生，姓有，名若。以下樊迟、子游、子夏皆为孔子学生。

②孝弟：善事父母曰孝，善事兄长曰弟。

③没：通"殁"，死。

④孟懿子：鲁国大夫，姓仲孙，名何忌，谥号"懿"。

⑤无违：不要违背。

⑥御：驾驭马车。

⑦孟武伯：孟懿子的儿子，名彘。"武"是他的谥号。

⑧疾：病。

⑨色难：意思是做到和颜悦色不容易。色，脸色。难，不容易的意思。

⑩几：轻微、婉转的意思。

⑪方：去向。

【文意疏通】

《论语》里"孝"这个字出现了 17 次，从孝与仁、孝与礼以及孝的核心概念展开了论述。以上各则大致意思如下：

有子说："孝顺父母，顺从兄长，而喜好冒犯上级，这样的人是很少见的。不喜欢冒犯上级，而喜好造反的人是没有的。君子专

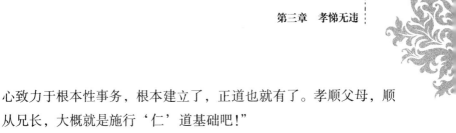

心致力于根本性事务，根本建立了，正道也就有了。孝顺父母，顺从兄长，大概就是施行‘仁’道基础吧！"

孔子说："当他父亲在世的时候，要观察他的志向；在他父亲死后，要考察他的行为；若是他对他父亲传下来的正道多年不加改变，这样的人可以说是尽到孝了。"

孟懿子问什么是孝。孔子说："孝就是不要违背礼。"后来樊迟给孔子驾车，孔子告诉他："孟孙问我什么是孝，我回答他说，‘不要违背礼’。"樊迟问："不要违背礼是什么意思呢？"孔子说："父母活着的时候，要按礼侍奉他们；父母去世后，要按礼埋葬他们、祭祀他们。"

孟武伯向孔子请教孝道。孔子说："父母对于子女，只为他们的疾病担忧。"

子游问什么是孝。孔子说："如今所谓的孝，只是说能够赡养父母便足够了。然而，就是犬马都能够得到饲养，如果不存心孝敬父母，用什么来区别孝顺与饲养呢？"

子夏问什么是孝，孔子说："当子女的要尽到孝，最不容易的就是对父母和颜悦色。仅仅是有了事情，儿女需要替父母去做，有了酒饭，让父母吃，难道能认为这样就可以算是孝了吗？"

孔子说："侍奉父母，如果父母有不对的地方，要委婉地劝说他们。自己的意见表达了，见父母不愿听从，还是要对他们恭恭敬敬，并不违抗，替他们操劳而不怨恨。"

孔子说："父母在世，不远离家乡；如果不得已要出远门，也必须有去向。"

【义理揭示】

孔子把"孝悌"作为"仁"的根本，作为个人道德修养的提升方式，与当时的宗法制社会道德需求有机整合；他把"孝"界定在"礼"的范围，事亲以礼；同时，孔子认为"孝"应本于内心的敬爱，不是单纯的物质上的满足。当然，"孝"在孔子看来不是对父母唯命是从，而是对其过错可以婉言劝解。总之，孔子的"孝"蕴含较为丰富的内容，既适应当时社会政治文化的需要，也契合后世的道德需求。

二 孟子谈"孝"

【原文选读】

滕定公①薨。世子谓然友②曰："昔者孟子尝与我言于宋，于心终不忘。今也不幸至于大故③，吾欲使子问于孟子，然后行事。"然友之邹问于孟子。孟子曰："不亦善乎！亲丧固所自尽④也。曾子曰：'生，事之以礼；死，葬之以礼，祭之以礼，可谓孝矣。'诸侯之礼，吾未之学也；虽然，吾尝闻之矣。三年之丧，齐疏之服⑤，饘粥⑥之食，自天子达于庶人，三代共之。"然友反命，定为三年之丧。

（《孟子·滕文公上》）

孟子曰："天下大悦而将归己。视天下悦而归己，犹草芥也，惟舜为然。不得乎亲，不可以为人；不顺乎亲，不可以为子。舜尽事亲之道而瞽瞍⑦厎豫⑧，瞽瞍厎豫而天下化，瞽瞍厎豫而天下之为父子者定，此之谓大孝。"

（《孟子·离娄上》）

孟子曰："事，孰为大？事亲为大。守，孰为大？守身为大。

不失其身而能事其亲者，吾闻之矣；失其身而能事其亲者，吾未之闻也。孰不为事，事亲，事之本也。孰不为守？守身，守之本也。曾子养曾皙⑨，必有酒肉，将彻必请所与，问有余，必曰有。曾皙死，曾元⑩养曾子，必有酒肉，将彻不请所与，问有余，曰亡矣，将以复进也。此所谓养口体者也，若曾子则可谓养志也。事亲若曾子者，可也。"

（《孟子·离娄上》）

　　世俗所谓不孝者五：惰其四支⑪，不顾父母之养，一不孝也；博弈好饮酒，不顾父母之养，二不孝也；好货财，私妻子，不顾父母之养，三不孝也；从⑫耳目之欲，以为父母戮⑬，四不孝也；好勇斗狠，以危父母，五不孝也。

（《孟子·离娄下》）

注释：

　　①滕定公：滕文公的父亲。

　　②然友：人名，太子的老师。

　　③大故：重大的事故，指大丧、凶灾之类。

　　④自尽：尽自己最大的心力。

　　⑤齐疏之服：用粗布做的缝边的丧服。

　　⑥饘（zhān）粥：饘，稠粥。粥，稀粥。这里是偏义复词，指稀粥。

　　⑦瞽瞍（sǒu）：人名，舜的父亲。

　　⑧厎（dǐ）豫：得以欢乐。厎，致也。豫，乐也。

　　⑨曾皙：曾参的父亲，他也是孔子的弟子。

　　⑩曾元：曾参的儿子。

　　⑪四支：即四肢。

　　⑫从：通"纵"。

　　⑬戮：羞辱。

【文意疏通】

《孟子》中28次提及"孝",孟子在"孝"的问题上继承了孔子尊亲、孝之以礼等思想并有所突破,他对孝的社会功能等方面则有新的突破。上述几则内容大致如下:

滕定公死了,太子对老师然友说:"上次在宋国的时候孟子和我谈了许多,我记在心里久久不忘。今天不幸父亲去世,我想请您先去请教孟子,然后才办丧事。"然友便到邹国去向孟子请教。孟子说:"好得很啊!父母的丧事本来就应该尽心竭力。曾子说:'父母活着的时候,依照礼节侍奉他们;父母去世,依照礼节安葬他们,依照礼节祭祀他们,就可以叫做孝了。'诸侯的礼节,我不曾专门学过,但却也听说过。三年的丧期,穿着粗布做的孝服,喝稀粥。从天子一直到老百姓,夏、商、周三代都是这样的。"然友回国报告了太子,太子便决定实行三年的丧礼。

孟子说:"整个天下都很喜悦地要来归附自己,把整个天下都很喜悦地归附自己看成如同草芥一样的,只有舜是如此。没有得到亲人的亲情,不可以作为一个人;不顺从亲人,不能成为其儿子。舜奉行竭尽侍奉亲人的道理而使父亲瞽瞍达到了高兴、愉快的心情,瞽瞍得到快乐而使天下人受感化,瞽瞍得到快乐而天下父子间的伦理规范也就确定了,这就叫做大孝。"

孟子说:"侍奉,以谁最为重大?以侍奉父母最为重大。守护,以什么东西最为重大?以守护自身的节操最为重大。不丧失自身的节操又能侍奉自己父母的人,我听说过;丧失自身的节操又能侍奉自己父母的人,我未曾听说过。谁不做侍奉的事呢?但侍奉父母是侍奉的根本。谁不做守护的事呢?但守护自身的节操是守护的根本。曾子奉养曾皙,每餐必定有酒和肉,将要撤去时必定请示要把

它们给谁，如果曾皙询问有没有多余，曾子必定说有。曾皙去世，曾元奉养曾子，每餐必定有酒和肉，将要撤去时不请示要把它们给谁，如果曾子询问有没有多余，曾元就说没有了，要把它们用来再次奉呈。这叫做奉养父母的口腹和身体，像曾子那样才可称为奉养父母的意愿。侍奉父母像曾子那样，就好了。"

世上有五种不孝的事情。第一种不孝：懒动手足，不肯劳作，不能奉养父母。第二种不孝：专爱赌博、下棋、饮酒，不去奉养父母。第三种不孝：喜欢财物，偏私自己的妻儿，不愿意奉养父母。第四种不孝：放纵声色享乐，使父母感到羞辱。第五种不孝：好勇好斗，连累父母。

【义理揭示】

在孝之以礼、尊亲方面孟子继承了孔子的思想，同时尤其注重顺应父母精神内在的需求。如舜顺从父亲来使其得以快乐，曾子奉养顺应父亲之志，都体现了这种思想。同时，孟子还对"孝"的社会功能做了拓展。"自天子达于庶人，三代共之"，实际是讲了上行下效、以身作则的道理，希望"孝"能够从一己之孝道推延到整个国家的治理。

三 《孝经》说"孝"

【原文选读】

子曰："孝子之事亲也，居①则致其敬，养则致其乐，病则致其忧，丧则致其哀，祭则致其严②，五者备矣，然后能事亲。"

（《孝经·纪孝行章》）

曾子曰："若夫慈爱恭敬，安亲扬名，则闻命矣。敢问子从父之令，可谓孝乎？"子曰："是何言与，是何言与！昔者天子有诤臣③七人，虽无道④，不失其天下；诸侯有诤臣五人，虽无道，不失其国；大夫有诤臣三人，虽无道，不失其家；士有诤友，则身不离于令名⑤；父有诤子，则身不陷于不义。故当不义，则子不可以不诤于父，臣不可以不诤于君；故当不义，则诤之。从父之令，又焉得为孝乎！"

（《孝经·谏诤章》）

子曰："孝子之丧亲也，哭不偯⑥，礼无容⑦，言不文，服美不安⑧，闻乐不乐，食旨不甘，此哀戚之情也。三日而食，教民无以死伤生，毁不灭性，此圣人之政也。丧不过三年示民有终也。为之棺椁衣衾而举之⑨，陈其簠簋而哀戚之⑩。擗踊⑪哭泣，哀以送之，卜其宅兆⑫，而安措之。为之宗庙，以鬼享之⑬。春秋祭祀，以时思之。生事爱敬，死事哀戚，生民之本尽矣，死生之义备矣，孝子之事亲终矣。"

（《孝经·丧亲章》）

注释：

①居：日常家居。

②祭则致其严：意思是对先人祭祀，要严肃对待。

③诤（zhèng）臣：直言进谏的臣子。

④无道：不行正道，做坏事。多指暴君或权贵者的恶行。

⑤令名：美好的名声。

⑥偯（yǐ）：痛哭时发出婉转拉长的声音。

⑦容：保持端正的容貌。

⑧服美不安：穿着美观的服饰，心里感到不安。

⑨为之棺椁（guǒ）衣衾而举之：准备棺、椁、衣、衾，举行敛礼。古代的棺木有两重，盛放尸体的叫棺，套在棺外的叫椁。衾，死人盖的被子。举之，举行敛礼。分小敛和大敛，为死者穿衣服称小敛，把尸体放入棺内称大敛。

⑩陈其簠（fǔ）簋（guǐ）而哀戚之：陈列簠簋等礼器而悲伤忧痛。簠簋，古代祭祀宴享时盛黍稷的器皿，用竹木或铜制成。大抵簠多为方形，簋多为圆形。

⑪擗（pǐ）踊（yǒng）：捶胸顿足。古丧礼中，表示极度悲痛的动作。擗，捶胸。踊，跳跃。

⑫卜其宅兆：占卜墓地。卜，占卜。宅兆，坟墓的四周区域。

⑬为之宗庙，以鬼享之：营建宗庙，以祭祀之礼，请鬼神来享用。

【文意疏通】

孔子说："孝子对父母亲的侍奉，在日常家居的时候，要竭尽对父母的恭敬，在饮食生活的奉养时，要保持和悦愉快的心情去服侍；父母生了病，要带着忧虑的心情去照料；父母去世了，要竭尽悲哀之情料理后事；对先人的祭祀，要严肃对待，礼法不乱。这五方面做得完备周到了，方可称为对父母尽到了子女的责任。"

曾子说："像慈爱、恭敬、安亲、扬名这些孝道，已经听过了夫子的教诲，我想再冒昧地问一下，做儿子的一味遵从父亲的命令，就可称得上是孝顺了吗？"孔子说："这是什么话，这是什么话！从前，天子身边有七个直言相谏的净臣，因此，纵使天子是个无道昏君，他也不会失去其天下；诸侯有直言进谏的净臣五人，即便自己是个无道君主，也不会失去他的诸侯国地盘；卿大夫有三位直言劝谏的臣属，即使他是个无道之臣，也不会失去自己的家园；普通的读书人有直言劝谏的朋友，自己的美好名声就不会丧失；为父亲的有敢于直言力谏的儿子，就能使父亲不会陷于不义之中。因此在遇到不义之事时，如系父亲所为，做儿子的不可以不劝谏力阻；如系君王所为，做臣子的不可以不直言进谏。所以对于不义之事，一定要谏诤劝阻。如果只是遵从父亲的命令，又怎么称得上是孝顺呢?"

孔子说："孝子丧失了父母亲，要哭得声嘶力竭，发不出悠长的哭腔；举止行为失去了平时的端正礼仪，言语没有了条理文采，穿上华美的衣服就心里不安，听到美妙的音乐也不快乐，吃美味的食物不觉得好吃，这是做子女的因失去亲人而悲伤忧愁的表现。父母之丧，三天之后就要吃东西，这是教导人们不要因失去亲人的悲哀而损伤生者的身体，不要因过度的哀毁而灭绝人的天性，这是圣贤君子的为政之道。为亲人守丧不超过三年，是告诉人们居丧是有其终止期限的。办丧事的时候，要为去世的父母准备好棺材、外棺、穿戴的衣饰和铺盖的被子等，妥善地安置进棺内，陈列摆设簠、簋等祭奠器具，以寄托生者的哀痛和悲伤。出殡的时候，捶胸顿足，号啕大哭地哀痛出送，占卜墓穴吉地以安葬。兴建起祭祀用的庙宇，使亡灵有所归依并享受生者的祭祀。在春秋两季举行祭祀，以表示生者无时不思念亡故的亲人。在父母亲在世时以敬爱的态度奉养他们，在他们去世后，则怀着悲哀之情料理丧事，如此方尽到了人生在世应尽的本分和义务。养生送死的大义都做到了，才算是完成了作为孝子侍奉亲人的义务。"

【义理揭示】

《孝经》是我国古代儒家有关伦理学的著作。它以"孝"为中心，比较集中地阐述了儒家的伦理思想。它对"孝"的具体规范以

及作为道德之本的意义价值都做了较为明确的阐释。同时，对"孝"实行的具体要求与方法也做了详尽的阐述。

《孝经》可以看作是从理论架构到实践操作全面落实"孝"的经典，在其中我们看到的更多是具体而细微的要求与做法。当然，我们不能因此就忽略了《孝经》中相关的理论思想，它对"孝"的认识实际也具有很高的文化价值。它认为父母有过错时孝子应该谏诤劝阻，而不是告诉我们绝对地顺从形成"愚孝"；主张守丧期间不可哀毁过度而灭绝人的天性，充满了深深的人文关怀。

四 缇萦上书赎父刑

【原文选读】

文帝四年中，人上书言意①，以刑罪当传②西之长安。意有五女，随而泣。意怒，骂曰："生子不生男，缓急③无可使者！"于是少女缇萦④伤父之言，乃随父西。上书曰："妾父为吏，齐中称其廉平⑤，今坐法当刑⑥，妾切痛死者不可复生，而刑者⑦不可复续，虽欲改过自新，其道莫由，终不可得。妾愿入身⑧为官婢⑨，以赎父刑罪，使得改行自新也。"书闻，上悲其意，此岁中亦除肉刑法。

(选自西汉·司马迁《史记·扁鹊仓公列传》)

注释：

①意：淳于意，西汉初齐临淄（今山东淄博东北）人，姓淳于，名意。精医道，辨证审脉，治病多验。缇萦之父。

②传：驿站的车马，此指用专车押送。

③缓急：偏义复词，意为紧急。

④少女缇萦：最小的女儿缇萦。

⑤廉平：廉洁公正。

⑥坐法当刑：因为触犯法律判处肉刑。坐，因为。当，判决，判处。

⑦刑者：此指遭受砍手足刑罚的人。

⑧入身：古时刑律可把罪人收入官府为奴，此指这种惩罚。入，没收。

⑨官婢：官府中的女仆。古有规定，若子女愿做奴婢，可赎父罪。

【文意疏通】

汉文帝四年，有人上书告发淳于意接受别人的贿赂，按照刑法应当专车押送他向西到长安。淳于意有五个女儿，跟着囚车在哭。淳于意生气，骂道："生女儿不生男孩，危急时没有人能帮忙。"这时小女儿缇萦因父亲的话而悲伤，就跟父亲向西行，并上书说："我的父亲做官吏，齐地的人都说他清廉公平，如今犯法应当获罪受刑。我为受刑而死的人不能复生感到悲痛，而受过刑的人不能再长出新的肢体，即使想改过自新，也没办法了。我愿意舍身做官府中的女仆来赎父亲的罪过，让他能改过自新。"皇上听到后为她的意愿感到悲伤，这年就免除了肉刑法。

【义理揭示】

在父亲身处危难感慨无儿子为自己挺身而出时，作为女儿的缇萦听者有意，凭着勇气和孝心，随父西行，并且凭借自己的智慧上书汉文帝，诉说其父冤屈，且推而言之，因受刑而断足残缺的罪人想改过自新而不得，从而触动了汉文帝。后者不仅赦免其父，而且废止了肉刑。可以说，汉文帝不仅仅是被其理所服，更是被其至诚

之孝心所服。可见，孝心不分长幼，不分男女，心诚处自然感人至深。

五 子长承志作史书

【原文选读】

是岁天子始建汉家之封①，而太史公②留滞周南③，不得与从事，故发愤且卒。而子迁④适使反，见父于河洛之间。太史公执迁手而泣曰："余先周室之太史也。自上世尝显功名于虞夏，典天官事。后世中衰，绝于予乎？汝复为太史，则续吾祖矣。今天子接千岁之统⑤，封泰山，而余不得从行，是命也夫，命也夫！余死，汝必为太史；为太史，无忘吾所欲论著矣。且夫孝始于事亲，中于事君，终于立身。扬名于后世，以显父母，此孝之大者。夫天下称诵周公，言其能论歌文武之德，宣周邵之风，达太王王季之思虑，爰及公刘，以尊后稷也。幽厉之后，王道缺，礼乐衰，孔子修⑥旧起废，论诗书，作春秋，则学者至今则之⑦。自获麟⑧以来四百有余岁，而诸侯相兼，史记⑨放绝。今汉兴，海内一统，明主贤君忠臣死义之士，余为太史而弗论载，废天下之史文，余甚惧焉，汝其念哉！"迁俯首流涕曰："小子不敏，请悉论⑩先人所次⑪旧闻，弗敢阙⑫。"

（选自西汉·司马迁《史记·太史公自序》）

注释：

①封：封禅。帝王祭天地的典礼，在泰山上祭天称封，在泰山下梁父山上

祭地称禅。

②太史公：这里指司马迁之父司马谈。

③周南：指今洛阳一带。

④迁：指司马迁。

⑤接千岁之统：指汉武帝继周成王遗业而封禅。

⑥脩：通"修"。

⑦则之：以之为准则。

⑧获麟：指鲁哀公十四年（前481）西狩获麟。

⑨史记：泛指历史记载。

⑩论：引述和编撰之意。

⑪次：顺序记事之意。

⑫阙：遗漏。

【文意疏通】

这一年，天子开始举行汉朝的封禅典礼，而太史公被滞留在周南，不能参与其事，所以心中愤懑，致病将死。其子司马迁适逢出使归来，在黄河、洛水之间拜见了父亲。太史公握着司马迁的手哭着说："我们的先祖是周朝的太史。远在上古虞夏之世便显扬功名，职掌天文之事。后世衰落，今天会断绝在我手里吗？你继做太史，就会接续我们祖先的事业了。现在天子继承汉朝千年一统的大业，在泰山举行封禅典礼，而我不能随行，这是命啊，是命啊！我死之后，你必定要做太史；做了太史，不要忘记我想要撰写的著述啊。再说孝道始于奉养双亲，进而侍奉君主，最终在于立身扬名。扬名后世来显耀父母，这是最大的孝道。天下称道歌颂周公，说他能够论述歌颂文王、武王的功德，宣扬周、邵的风尚，通晓太王、王季的思虑，乃至于公刘的功业，并尊崇始祖后稷。周幽王、厉王以后，王道衰败，礼乐衰颓，孔子研究整理旧有的典籍，修复振兴被废弃破坏的礼乐，论述《诗经》《书经》，写作《春秋》，学者至今以之为准则。自获麟以来 400 余年，诸侯相互兼并，史书丢弃殆尽。如今汉朝兴起，海内统一，明主贤君忠臣死义之士，我作为太史令都未能予以论评载录，断绝了天下的修史传统，对此我甚感惶恐，你可要记在心上啊！"司马迁低下头流着眼泪说："儿子虽然驽笨，但我会详述先人所整理的历史旧闻，不敢稍有缺漏。"

【义理揭示】

司马迁在李陵之祸后，含垢忍辱，承受来自肉体以及精神的双重折磨，而最终选择隐忍以生，很大程度上在于他希望完成父亲遗愿。但最终司马迁以《史记》立身扬名，可谓达成了其父之愿，以"孝"成就了《史记》这一千古绝唱。

六　薛包洒扫回亲心

【原文选读】

初，汝南薛包[①]，少有至行，父娶后妻而憎包，分出之[②]。包日夜号泣，不能去，至被驱扑，不得已，庐于舍外，旦入洒扫。父怒，又逐之，乃庐于里门，晨昏不废[③]。积岁余，父母惭而还之。及父母亡，弟子求分财异居。包不能止，乃中分其财，奴婢引其老者，曰："与我共事久，若不能使也。"田庐取其荒顿[④]者，曰："吾少时所治，意所恋也。"器物取其朽败者，曰："我素所服食，身口所安也。"弟子数破其产，辄复赈给[⑤]。帝闻其名，令公车特征⑥，至，拜侍中。包以死自乞⑦，有诏赐告归，加礼如毛义⑧。

（选自北宋·司马光《资治通鉴·汉纪》）

注释：

①薛包：东汉人，官至侍中。

②分出之：让薛包离开家分居。

③晨昏不废：晨昏，即晨昏定省。晚间服侍就寝，早上省视问安，是旧时侍奉父母的日常礼节。废，废止。

④荒顿：荒废。

⑤赈给：救济施与。

⑥公车特征：公车，汉代官署名。特征，特地征召。

⑦乞：请求辞官。

⑧毛义：当时的一位品行高洁的义士。

【文意疏通】

当初，汝南人薛包，年幼时就有很好的德行，父亲娶了后妻而憎恶薛包，让他出去另外居住。薛包日夜号啕痛哭，不肯离去，以至被父亲驱赶殴打。薛包迫不得已，在屋外搭建一间庐舍居住，每天早晨进入家里洒扫。父亲很生气，又把他赶走，于是他在里门搭建一间庐舍居住，早晚给父母请安的礼节从未废除。过了一年多，父母感到惭愧就叫他回家了。等到父母去世后，薛包的侄儿要求分家产各自居住。薛包无法劝止他们，于是平分了家产，他留下那些年老的奴婢，说："他们和我一块生活很久，你们不能使唤他们。"他选取那些荒废的田地房屋，说："这是我小时候家里就置办的，我心里很留恋，难以割舍。"他选取那些破烂的器物，说："这是我一向用的衣食器具，我已经习惯了。"他的侄儿多次破产，薛包总

是一再救济他们。皇帝听说了他的名声，命令官府特地征召他。他到了京师，朝廷任命他为侍中。薛包以死请求辞官，皇帝下诏准许他告老回乡，对他的礼遇就像毛义一样。

【义理揭示】

薛包在父亲再娶、憎恶自己、被逐出家门以致驱赶殴打的情况下依然待父至孝，可谓把对父母的"敬"发挥到极致，最终感动了父母接他回家。而他之后对侄儿辈的谦让不争以及此后的救济，乃是对"孝悌"意义的发挥，在他心里"孝悌"不仅是简单的对父母兄弟的爱，更是维系家庭和睦的良方。

七 赵孝争死救胞弟

【原文选读】

赵孝，字长平，沛国蕲人也。父普，王莽时为田禾将军，任孝为郎。每告归①，常白衣步担。尝从长安还，欲止邮亭②。亭长先时闻孝当过，以有长者客，扫洒待之。孝既至，不自名，长不肯内③，因问曰："闻田禾将军子当从长安来，何时至乎？"孝曰："寻④到矣。"于是遂去。及天下乱，人相食。孝弟礼为饿贼所得，孝闻之，即自缚诣贼，曰："礼久饿羸瘦，不如孝肥饱。"贼大惊，并放之，谓曰："可且归，更持米糒⑤来。"孝求不能得，复往报贼，愿就亨⑥。众异之，遂不害。乡党服其义。州郡辟召，进退必以礼。举孝廉⑦，不应。

（选自南朝宋·范晔《后汉书·赵孝传》）

注释：

①告归：旧时官吏告老还乡或请假回家。

②邮亭：驿馆；递送文书者投止之处。

③内：通"纳"，接纳。

④寻：不久。

⑤米糒（bèi）：米粮。

⑥亨：通"烹"，煮。

⑦举孝廉：指被推选为孝廉。孝廉，汉武帝时设立的察举考试，以任用官员的一种科目，孝廉是"孝顺亲长、廉能正直"的意思。

【文意疏通】

赵孝，字长平，沛国蕲人。父亲赵普，王莽时做田禾将军，任命赵孝为郎官。每次告假回家，常穿着便服步行，自担行李。曾经从长安回家，想在邮亭歇宿。亭长先听说赵孝会从此经过，认为有长者客到，特扫洒房间等候。赵孝到了，没有宣告自己的名姓，亭长不肯接纳，便问道："听说田禾将军之子当从长安来，何时到呢？"赵孝说："不久就会到了。"于是就离开了。后来天下大乱，人吃人。赵孝之弟赵礼被饿贼得到，赵孝听说，就绑着自己到贼人那里，说道："赵礼久饿很瘦弱，不如我肥胖。"贼人大惊，便都释放了，对他们兄弟说："你们可以暂时回家，拿点粮食来。"赵孝找粮食未找到，又回去告诉贼人，愿意让他们烹食。众人认为他与众不同，便不加害于他。乡党佩服他的义气。州郡征召，进退必守礼节。推举他做孝廉，最后没有应征。

【义理揭示】

赵孝身为郎官便服步行自担行李，面对倾慕的亭长而不以长者自居，以及后来举孝廉而不应，都让我们感受到一个淡泊名利、奉礼自守的谦谦君子。然而，更令我们惊叹的还是他面对强盗、面对死亡时毫不畏惧，甘愿以己身来替代兄弟的行为，最终感动强盗。他的表现无疑体现了"悌"的精神，把对兄弟的爱、对兄弟生命的珍视发挥到极致。

八　李密辞官尽孝心

【原文选读】

伏惟①圣朝以孝治天下，凡在故老，犹蒙矜育②，况臣孤苦，特为尤甚。且臣少仕伪朝③，历职郎署④，本图宦达，不矜名节。今臣亡国贱俘，至微至陋，过蒙拔擢，宠命优渥，岂敢盘桓，有所希冀。但以刘日薄西山，气息奄奄，人命危浅，朝不虑夕。臣无祖母，无以至今日；祖母无臣，无以终余年。母、孙二人，更相为命，是以区区⑤不能废远。

臣密今年四十有四，祖母今年九十有六，是臣尽节于陛下之日长，报养刘之日短也。乌鸟私情⑥，愿乞终养。臣之辛苦，非独蜀之人士及二州牧伯所见明知，皇天后土⑦，实所共鉴。愿陛下矜悯愚诚，听臣微志，庶刘侥幸，保卒余年。臣生当陨首，死当结草⑧。臣不胜犬马怖惧之情，谨拜表以闻。

（选自西晋·李密《陈情表》）

注释：

①伏惟：旧时奏疏、书信中下级对上级常用的敬语。

②矜育：怜惜养育。

③伪朝：指蜀汉。对曾经就职的朝代的辱称。

④历职郎署：指曾在蜀汉官署中担任过郎官职务。

⑤区区：拳拳，形容感情恳切。

⑥乌鸟私情：相传乌鸦能反哺，所以常用来比喻子女对父母的孝养之情。

⑦皇天后土：犹言天地神明。

⑧结草：据《左传·宣公十五年》记载，晋大夫魏武子临死的时候，嘱咐他的儿子魏颗把他的遗妾杀死以后殉葬。魏颗没有照他父亲说的话去做。后来魏颗跟秦国的杜回作战，看见一个老人把草打了结把杜回绊倒，杜回因此被擒。到了晚上，魏颗梦见结草的老人，他自称是没有被杀死的魏武子遗妾的父亲。后来就把"结草"作为报答恩人心愿的表示。

【文意疏通】

我俯伏思量晋朝是用孝道来治理天下的，凡是年老而德高的旧臣，尚且还受到怜悯养育，何况我的孤苦程度更为严重呢。况且我年轻的时候曾经做过蜀汉的官，担任过郎官职务，本来就希望做官显达，并不顾惜名声节操。现在我是一个低贱的亡国俘虏，十分卑微浅陋，受到过分提拔，恩宠优厚，怎敢犹豫不决而有非分的企求呢？只是因为祖母刘氏寿命即将终了，气息微弱，生命垂危，早上不能想到晚上怎样。臣下我如果没有祖母，就没有今天的样子；祖母如果没有我的照料，也无法度过她的余生。我们祖孙二人，互相依靠而维持生命，因此我的内心不愿废止奉养，远离祖母。

臣下我现在的年龄有44岁了，祖母现在的年龄有96岁了，臣下我在陛下面前尽忠尽节的日子还长着，而在祖母刘氏面前尽孝尽

心的日子已经不多了。我怀着乌鸦反哺的私情，乞求能够准许我完成对祖母养老送终的心愿。我的辛酸苦楚，并不仅仅被蜀地的百姓及益州、梁州的长官所亲眼目睹、内心明白，连天地神明也都看得清清楚楚。希望陛下能怜悯我愚昧诚心，请允许臣下我完成一点小小的心愿，使祖母刘氏能够侥幸地保全她的余生。我活着应当杀身报效朝廷，死了也要结草衔环来报答陛下的恩情。臣下我怀着犬马一样不胜恐惧的心情，恭敬地呈上此表来使陛下知道这件事。

【义理揭示】

前人评论："读李令伯《陈情表》而不堕泪者，其人必不孝"，可见《陈情表》给人留下的深深震撼。其文言辞恳切，不事雕琢而情感丰沛，在"忠""孝"的矛盾中艰难狼狈，其行为千古以来一直感动着后人，其可贵之处即在于那份对长辈的知恩图报、弃官尽孝的品质。

九　芳容负骨归葬父

【原文选读】

周孝子名芳容，华亭人。其父文荣，游楚客死归州官舍矣。芳容十四岁，祖父母相继死，临终抚芳容叹曰："安得汝为寻亲孝子，使我瞑目九泉①乎！"芳容泣而志②之，由是始有负骨归葬之念。芳容自顾年已及壮，可跋涉险阻，乃自奋曰："天下岂有无父之人哉！"乃焚香告家庙③曰："此去不负骨，誓不归矣。"

自出都后，芳容日行风霜雨露中，寒燠④失度，饥饱无时。投止⑤旅店，头晕目眩，遍身焦灼如火。次日，病不能起。主人见芳容病状，惧不敢留，欲徙置邻庙。芳容乃曰："吾病虽剧⑥，心实了然，药之可以即愈。且吾有大事未了，为吾招里正⑦，当告以故。"未几里正至，闻言色动，邀医至。直至六月初始能步履。麻鞋短服，日行三四十里。或风雨骤至，往往淋漓达旦。或赤脚行山蹊⑧中，踵决⑨肤裂，流血不已。终至归州，赖老役指迷，获父骸⑩。

芳容负骨登舟，半月余竟达里门。葬父于祖墓旁，得报祖父母遗命于地下。

（选自南朝宋·刘义庆《世说新语》）

注释：

①瞑目九泉：意思是死后可以安息。瞑目，闭眼，安息。九泉，指地下，即阴间。

②志：记下。

③家庙：即家族为祖先立的庙。庙中供奉祖先牌位等，依时祭祀。

④寒燠（yù）：冷热。燠，热。

⑤投止：投宿。

⑥剧：厉害。

⑦里正：古代乡里小吏。一般由乡里富户担任，其职事是代官府征税、派役，并负驿递、供应等责。

⑧蹊：小路。

⑨踵决：脚跟破裂。

⑩骸：尸骸。

【文意疏通】

姓周的孝子名叫芳容，是华亭人。他的父亲周文荣在楚国游历求官时客死在归州的官吏住处。芳容14岁时，祖父祖母相继去世，临终时抚摸着芳容叹息说："怎能让你成为寻找亲人骨骸的孝子，让我在九泉之下可以闭眼。"芳容哭泣着记下了这个嘱托，从此开始有背父亲遗骨回来安葬的念头。芳容认为自己快成人了，可以跋山涉水克服困难艰险了，于是自勉道："天下怎能有没有父亲的人！"于是在家族的宗庙里烧香说："这次出去没有找到父亲的遗骨，就发誓再也不回来。"

自从出了都城，芳容每天无论天气如何都会赶路。时冷时热，时饥时饱。到旅店投宿时，头晕目眩，浑身热得像着火一样。第二天就病得起不来床了。旅店主人看到芳容患病的样子，有些害怕，不敢让他留宿，想要把他搬运安放到附近的庙中。芳容于是说："我的病虽然严重，但我神志清醒，用药治疗，马上就可以痊愈。何况我有重要的事没有完成，请您为我叫来里正，我要把事情告诉他。"不久里正来了，听到他的讲述后被感动，请来医生为他治疗。直到六月初才能走路。芳容穿着麻鞋短衣，每天走三四十里路。有时遇到风雨突来，经常冒雨赶夜路到天亮。有时赤脚走在山间小路上，脚跟裂开，血止不住地流。芳容终于到达归州，依靠长年打杂的人指点，找到了父亲的遗骨。

芳容背着父亲的遗骨上船回家，半个多月终于到达里门。他把父亲安葬在祖墓旁，完成了已去世的祖父母的遗命。

【义理揭示】

周芳容以14岁的年龄，谨记祖父祖母之遗愿，立下"负骨归

葬"的志愿，可见其一片赤诚之心。而且他能够不畏艰险，于饥寒交迫、病情危重中，依然不改其志，历尽万难，终于找到其父遗骨，遂了祖父祖母遗愿，也使自己的父亲叶落归根。他身上展示出的孝道令人动容。

十 江革苦读遂父愿

【原文选读】

江革，字休映，济阳考城人也。祖齐之，宋都水使者①，尚书金部郎②。父柔之，齐尚书仓部郎③，有孝行，以母忧哀毁④卒。革幼而聪敏，早有才思，六岁便解属文。柔之深加赏器，曰："此儿必兴吾门。"九岁丁父艰⑤，与弟观同生，少孤贫，傍无师友，兄弟自相训勖⑥，读书精力不倦。十六丧母，以孝闻。服阕⑦，与观俱诣⑧太学，补国子生⑨，举高第。齐中书郎王融、吏部郎谢朓雅⑩相钦重。朓尝宿卫，还过候革，时大寒雪，见革弊絮单席，而耽学不倦。嗟叹久之，乃脱其所著襦，并手割半毡与革充卧具而去。

（选自唐·李延寿《南史·江革传》）

注释：

①都水使者：官名。治水之官。

②尚书金部郎：官名。掌天下库藏出纳、权衡度量之数，管理两京市、宫市等交易，并百官、军镇、蕃客之赐，以及供给宫人、王妃、官奴婢衣服。

③仓部郎：官名。掌管全国仓储出纳之政令。

④哀毁：旧指居丧时因悲哀过度而损害健康。

⑤丁父艰：即丁父忧。指遭受父亲丧事。

⑥训勖（xù）：督促，勉励。

⑦服阕：服孝期满。

⑧诣：到，往。

⑨国子生：是指在国子监肄业的学生，但一般为官员子弟。所以说国学生亦即是太学生，但多指官员子弟的太学生。

⑩雅：很。

【文意疏通】

　　江革，字休映，是济阳考城人。祖父江齐之，是宋都水使者、尚书金部郎。父亲江柔之，齐尚书仓部郎，有孝顺的品行，因为母亲的丧事悲哀过度而去世。江革自幼聪明敏捷，6岁便能写文章。江柔之非常赏识器重他，说："这个儿子一定能够兴旺我家。"9岁时父亲去世，江革与弟江观为孪生兄弟，年少孤苦贫穷，读书没有师友指点，兄弟俩互相督促、勉励，读书精力充沛、毫不疲倦。16岁时母亲又去世，因服丧有孝行而闻名。服丧期满后，与江观一起前往太学，被增补为国子生，并在考核中取得优秀的名次。南齐中书郎王融、吏部郎谢朓十分钦佩器重他。谢朓担任皇家夜间警卫，回来时去探望江革，当时下着大雪，看见江革穿着破旧的棉衣，铺着一层坐席，却沉醉于学习不知疲倦。谢朓感叹良久，便脱下所穿短袄给江革披上，并亲手把毡子割下一半给江革充当卧具，然后才离开。

【义理揭示】

　　江革之孝不单纯在于孝顺、奉养父母，更在于达成父母的愿

望。父母去世后，江革照顾兄弟，他们互相勉励督促，刻苦攻读，安贫乐道，以成就学业，实际便是达成父亲"此儿必兴吾门"的愿望。可见，其对"孝"有自己的理解，其行为也是对"孝"的内涵的有益补充。为家族兴旺而努力，为父母增光添彩，也可谓深孝。

十一 岳飞孝亲忠君国

【原文选读】

　　飞至孝，母留河北，遣人求访，迎归。母有痼疾①，药饵必亲。母卒，水浆不入口者三日。家无姬侍②。吴玠③素服飞，愿与交欢，饰名姝④遗之。飞曰："主上宵旰⑤，岂大将安乐时？"却不受，玠益敬服。少豪饮，帝戒之曰："卿异时到河朔⑥，乃可饮。"遂绝不饮。帝初为飞营第⑦，飞辞曰："敌未灭，何以家为？"或问天下何时太平，飞曰："文臣不爱钱，武臣不惜死，天下太平矣。"

（选自《宋史·岳飞传》）

注释：

　　①痼疾：指经久难治愈的病。

　　②姬侍：指的是侍妾。

　　③吴玠：字晋卿，南宋名将。

　　④名姝（shū）：著名的美女。

　　⑤宵旰（gàn）：即宵衣旰食，指天不亮就起床，天晚了才吃饭。形容终日操劳国事。

　　⑥河朔：地区名，指黄河以北平原。

　　⑦营第：建造宅第。

【文意疏通】

　　岳飞特别孝顺，他的母亲住在黄河以北，他就派人去寻找他母亲，并把她接了回来。他的母亲有病，经久难愈，岳飞就一定要亲自给母亲喂药。岳飞的母亲去世，岳飞三天不吃不喝。家中没有婢女伺候。吴玠一向敬仰岳飞，愿意与他结为好友，打扮了美女送给他。岳飞说："主上终日为国事操劳，怎能是臣子贪图享乐之时?"岳飞没有接受，将美女送回。吴玠就更加敬仰岳飞了。岳飞嗜酒，皇帝告诫他："你等到了河朔，才可以这样酗酒。"于是他从此不再饮酒。皇帝曾经想要给岳飞建造一个住宅，岳飞推辞道："敌人尚未被消灭，怎能谈论家事!"有人问："天下何时才会太平?"岳飞说："文官不爱财，武将不怕死，天下就太平了。"

【义理揭示】

　　自古道"忠孝不能两全"，然而，至忠之人何尝不是至孝之人，岳飞正是这样的一个典型。他一生忠贞爱国，奋勇杀敌，抗击入侵的金兵，以图收复河山。而这样的忠贞恰恰和他对母亲的孝有机地融合起来，正是因为有了这种躬亲事母、竭尽孝道之行，才让其把孝推延为忠，由爱母至爱国，从而成就千古流芳之忠臣孝子。

　　"孝悌"是我国古代文化的重要范畴，贯穿古今五千年而历久

弥新，已经成为了中华民族传承发展的优良传统和核心价值观。因为"孝悌"的产生是在宗法制的社会背景下，所以它被打上了深深的家族宗法观念。同时，"孝悌"在对父母兄长的关爱、尊敬方面具有生活化、伦理化的特点，又使其具有深广的现实意义，成为贴近普通大众的一种传统和价值观。

在儒家文化中，"孝悌"因其独特的内涵而具有相当重要的地位。所以，作为儒家思想的代表人物孔孟对其有较深入的论述。首先，他们认为"孝悌"为立身之本。为人子，必须要以孝悌立身，所以孔子说"孝弟也者，其为仁之本与"，而孟子则说"事，孰为大？事亲为大"。其次，他们认为"孝"的关键在于关爱、尊重、理解。正如孔子所言，对父母不敬，不异于犬马之养；孝敬父母最难的是对其和颜悦色。孟子也认为孝亲要如曾子，奉养父母的心志，顺应他们的意愿。如上面所选故事"胡其爱因孝立名"，胡其爱不仅仅在物质上侍奉母亲，更重要的是满足母亲的精神需求，满足其观游的愿望，体现了孝贵在敬的思想。当然，儒家认为对父母绝非绝对的服从、顺从，这体现了积极的意义。孔子提出，侍奉父母要在其有错时婉言相劝。尽管最后提出父母不从子女也要恭敬不违抗，但是已经具有积极的意义。而《孝经》则更为明确地提出对于不义之事，一定要谏诤劝阻。如果只是遵从父亲的命令，不能称得上孝顺。再次，对"孝"的社会意义及功能，儒家也有较为明确的认识。孟子在滕文公丧父之时以身作则、舜孝敬父亲树立榜样的论述中，都传达出他对于孝道的社会功用的理解。

我们推究"孝悌"作为一种文化内涵而具有经久不息魅力的原因，会发现它首先体现了一种生命意识，因为"孝"关注的是父母的生命，不仅关注生前的奉养，还关注父母逝去后的葬、祭，这是

一种慎终追远的生命意识。正如孔子所言，"事之以礼，葬之以礼，祭之以礼"，《孝经》中更是对"丧亲"之事做了具体说明。这种对于生命的尊重、敬畏之情，让我们感受到人的尊严以及价值意义的存在感。正是基于此种思想，缇萦凭着勇气和孝心，为父诉冤，使父亲免受肉刑之苦；李密在晋武帝"诏书切下"时，冒死上表，陈述"祖母无臣，无以终余年"之实情，使祖母"保卒余年"；周芳容历经艰险，找寻其父遗骨，使其父叶落归根，可谓"葬之以礼"。而由"孝"至"悌"的延伸，更是宗法家族意识中的生命关怀。因此，薛包由孝亲至诚引申至对侄儿的关爱接济，其中我们看到一种家族生命延续的意识；赵孝为了兄弟而争死，足见他心中深深关切对方的生命，真诚关爱，以至丝毫不顾个人的凶险，这无疑是建立在仁心之上的生命意识。

　　"孝"作为一种价值观，其更加核心的一点在于对生命传承的关注，因为"孝"最初是建立在宗法家族意识基础上的，所以便有了对家族生命、文化、事业、传统等内容的传承。这种传承意识首先是对自身的规范，以自身的修为来确立对家族的传承。正如孟子所言，"孰不为事？事亲，事之本也。孰不为守？守身，守之本也"，只有守护住自己的节操才能够安身立命，从而侍奉父母。而这种意识推而广之，从家族角度来看，便体现在对父母言行、愿望等的延续践行。正如孔子所言，"父在，观其志；父没，观其行；三年无改于父之道，可谓孝矣"，这便是对父辈家族思想文化的传承意识。上面所选故事中，司马迁忍辱含垢终于著成《史记》，是对其父遗愿的恪守；"芳容负骨归葬父"是对祖父祖母遗愿的达成；江革兄弟苦读成业，便是为了达成父亲"此儿必兴吾门"的愿望。而这种传承意识最高的境界便是把一己一家之"孝"上升为对国家

民族的"忠"。岳飞由对母亲至孝，推延至对国家民族的至忠，由此忠孝两全，彪炳千古。

当然，"孝"在传承过程中也保留了一些糟粕的部分，比如封建统治者为了自己的统治需要以此来"愚民"，宣扬绝对服从意识，制造顺民；再如过于强调子女、臣民对于父母、国君的义务，而鲜少关注他们的权利，缺乏必要的民主和平等；另外，因为"孝"关注对文化传统的传承意义，所以往往具有保守性，后代子孙对祖宗之法不敢越雷池半步，阻碍了社会的发展。故而，我们青少年在传承"孝"这一文化传统时，要能够做到"取其精华，去其糟粕"。

文化传递

2011年，一个平凡的小女孩以其不平凡的事迹感动了中国，她"付出的是孝心，赢得的是尊重"。她以稚嫩的肩头，撑起几经风雨、艰难破败的家，她为养母遮风挡雨，为养母有尊严地活着而不离不弃，这样的举动激起千万国人心中的涟漪。她就是"背着妈妈上学"的美丽姑娘孟佩杰。

现年25岁的孟佩杰是山西临汾人。5岁那年，父亲因车祸去世，迫于生活压力，母亲不得不把她送给当时在山西临汾隰县老干部局工作的刘芳英收养。1998年，养母刘芳英突然患上了椎管狭窄症，下半身瘫痪，生活不能自理。不堪重负的养父离家出走，留下了年仅8岁的孟佩杰和瘫痪在床的养母刘芳英。

从那天起，孟佩杰就承担起了侍奉瘫痪养母的重任，每个月两人就靠养母微薄的病退工资生活。孟佩杰每天在上学之余买菜做饭，替养母刘芳英洗漱梳头、换洗尿布、为全身涂抹三种褥疮药膏，她日复一日照料养母，任劳任怨，不离不弃。

据养母刘芳英说："那时候，她还没有灶台高，每天就踩在小凳子上生火做饭，不知道摔了多少跤，但从没喊过疼。一开始她分不清各种蔬菜，就自己编口诀'长长的青葱圆圆的蒜，扁扁的豆角绿油油'。有时家里没钱了，她就自己出门去找街坊邻居借。"

就这样过去了 10 年。2007 年，孟佩杰初中毕业，刘芳英的病情却开始恶化，最终瘫痪并完全丧失了自理能力。还未成年的孟佩杰主动选择了在山西师范大学临汾学院隰县基础部学习，就近照顾养母。2009 年，按照学校的安排，在隰县上完两年后，孟佩杰必须到临汾总校再接受 3 年教育。孟佩杰决定：带上母亲去上学。

为了及时照顾母亲，她在离学校最近的地方租了房，并向学校申请了走读。孟佩杰每天的时间都安排得满满当当：早上 6 点，帮养母穿衣服，给她洗脸、梳头，然后赶到学校上课。中午 12 点下课后，又匆忙赶回家，做饭、喂饭，给养母擦洗身子、活动筋骨、敷药按摩、洗漱更衣、倒屎倒尿，换洗床单、被褥，下午 2 点再赶回学校上课。下午放学后，她又匆忙赶回家中做晚饭、做家务，服侍母亲睡觉。每天就这样奔波在课堂和出租屋之间。

养母久病卧床，大小便失禁，患上了褥疮，孟佩杰一天要帮其翻身擦身多次。为防止褥疮扩散，每天放学回来她都要给养母洗衣服和床单。她还专门跑去向老中医请教护理方法，天气暖和时，就抱养母到窗前晒太阳。遇到养母排便不畅时，她就用纤细的手指，帮养母一点点抠出那些又黑又硬的粪便。刚强的养母瘫痪后脾气也越来越大，孟佩杰就经常提醒自己，不能惹养母生气，平日里功课再忙，她都会抽出时间陪养母聊天。

　　从 8 岁到 20 岁，4000 多个日子里，孟佩杰日复一日悉心照料养母刘芳英。这个"久病床前有孝女"的故事在网络上传播，感动了众多网民。在临汾当地论坛上，网民们纷纷表达对她的祝福，称她为"临汾最美的女孩"。一位网民写道："尽孝，是一切善德之始，也是一切幸福之源。在多舛的命运前，我们不能失掉孟佩杰这般面对生活的态度。"网民"与同"还为孟佩杰写了一首诗《致最美女孩》："他们说你是一个柔弱的女孩，有着瘦削却有力的肩。年少的你，是母亲的手，是母亲的腿，是母亲头上的那片天。他们说那间陋室，四壁空空，只有真爱环绕在里面。年少的你，是黑夜里母亲床前的那盏灯，是寒风中母亲心头的那份暖。"

　　提及这个养女，刘芳英"很庆幸"当年收养了孟佩杰："当时想收养孩子，但又觉得与 5 岁的孩子不易培养感情，后来经不住孩子生母的一再恳请，决定收养她，没想到这成了我一辈子最正确的决定。"说起 12 年来孟佩杰遭的罪，刘芳英泣不成声："我照顾了她 3 年，她却要照顾我一辈子。"刘芳英还说："这么多年来，孟佩杰的乐观感染了我，让我找回了生活下去的勇气。刚瘫痪那几年我心情不好，常发脾气，但她从来没和我争吵过，而是笑着给我讲故事。再苦再累，她都没在我面前流过一次眼泪，什么时候都是一脸阳光、高高兴兴的样子。她还常鼓励我，'妈妈别怕，有我呢，只要精神不滑坡，办法总比困难多。'"

1．"文化典籍"中所选的故事均围绕了"孝悌无违"的主题，每个故事中主人公身上所表现的孝有何不同？请简要谈谈。

2．读了本章的"文化典籍""文化倾听"与"文化传递"，你对"孝悌"在当代的意义有何新的思考？请写一篇读书笔记。

3．也许，你身边有"孝"的故事正在发生，看似平凡却感人至深；又或者，你知道有个群体，他们不仅"自扫门前雪"，还把邻居、朋友、同事中需要关照的老人当成自家人照料孝敬……请搜集一位典型人物或群体进行采访报道，推荐给大家。

第四章　见利思义

一　孔子论"义"

【原文选读】

子曰："君子之于天下也，无适①也，无莫②也，义之与比③。"

（《论语·里仁》）

子曰："君子喻④于义，小人喻于利。"　　（《论语·里仁》）

子曰："德之不修，学之不讲，闻义不能徙⑤，不善不能改，是吾忧也。"

（《论语·述而》）

子曰："饭疏食⑥，饮水，曲肱⑦而枕⑧之，乐亦在其中矣！不义而富且贵，于我如浮云。"

（《论语·述而》）

注释：

①适：亲近，厚待。

②莫：疏远，冷淡。

③比：亲近，相近，靠近。

④喻：明白，通晓。

⑤徙：迁移，此处指靠近，做到。

⑥饭疏食：吃粗粮。饭，这里是吃的意思，作动词。疏食，粗粮。

⑦曲肱（gōng）：弯着胳膊。肱，胳膊，由肩至肘的部位。

⑧枕：把……当作枕头。

【文意疏通】

孔子说："君子对于天下的事，并不认为某事一定要如此这般做，也不认为某事一定不能如此这般做，一切都按照义的规定为依据。"

孔子说："君子懂得的是义，而小人所理解的就只是利益。"

孔子说："对于品德不进行修养，对于学业不进行钻研，听到合理的道理却不能听从，有缺点又不能改正，这些都是我所忧虑的事。"

孔子说："吃粗粮喝凉水，睡觉的时候弯曲着胳膊当枕头用，在这里边也是有乐趣的。用不正当的方法得到的富裕和显贵，在我看来如浮云一般。"

【义理揭示】

"义"的内涵和性质到底是什么？尽管《论语》未对此作出明确的界定，但《里仁》一章里孔子却说"义之与比"，即做事要以恰当的原则与方式。这一论述表明，"义"是判断和衡量事物的标准。孔子对"义"的认识主要集中在"重义轻利"这一观点，即人不能见利忘义，要见利思义。从《礼记》中"义者，宜也"的定义来看，"义"当属于是否恰当和应不应该的问题。

二 孟子议"义"

【原文选读】

　　行一不义，杀一不辜，而得天下，皆不为也。

（《孟子·公孙丑上》）

　　义，人路也。　　　　　　　　　　　　（《孟子·告子上》）

　　羞恶之心，义之端①也。　　　　　　　（《孟子·公孙丑上》）

　　生，亦我所欲也；义，亦我所欲也。二者不可得兼，舍生而取义者也。

（《孟子·告子上》）

　　一箪②食，一豆③羹，得之则生，弗得则死。呼尔而与之④，行道之人弗受；蹴⑤尔而与之，乞人不屑也。万钟⑥则不辩⑦礼义而受之，万钟于我何加⑧焉！

（《孟子·告子上》）

注释：

　　①端：开始，发端。

　　②箪：古代盛食物的圆竹器。

　　③豆：古代一种木制的盛食物的器具。

　　④呼尔而与之：吆喝着给他（吃喝）。尔，语气助词。

　　⑤蹴：用脚踢。

　　⑥万钟：这里指高位厚禄。钟，古代的一种量器，六斛四斗为一钟。

⑦辩：通"辨"。

⑧何加：有什么益处。

【文意疏通】

要国君去做一件不道义的事，杀死一个无罪的人而换取天下，他们都不会去做的。

义，是人走的正路。

羞耻之心，是义的萌芽。

生命是我所喜爱的，大义也是我所喜爱的。如果这两样东西不能同时都得到的话，那么我就只好牺牲生命而选取大义了。

一碗饭，一碗汤，吃了就能活下去，不吃就会饿死。可是呵斥着给别人吃，过路的饥民也不肯接受；用脚踢着给别人吃，乞丐也不愿意接受。（可是有的人）见了优厚俸禄却不辨是否合乎礼义就接受了，这样优厚的俸禄对我有什么好处呢？

【义理揭示】

孟子将"义"分为两种：一是君臣之间或不同等级的人之间的一种道德责任，如上面所选第一、第二则即如此；二是道德原则、标准，他强调"义"比"生命"更重要，在"义"和"生命"不可兼得的情况下，主张舍生取义。他主张"性善"论，认为人的本性是善良的，为人应保有这种本性，同时不断加强自己的修养，不做有违义的事。孟子的这些思想是中华民族传统道德礼仪与德行修养的精华。

三 陆贾说"义"

【原文选读】

德盛者威广，力盛者骄众。齐桓公尚①德以霸，秦二世尚刑而亡。故虐行则怨积，德布②则功兴，百姓以③德附，骨肉以仁亲，夫妇以义合，朋友以义信，君臣以义序，百官以义承。曾、闵④以仁成大孝，伯姬⑤以义建至贞，守国者以仁坚固，佐君者以义不倾，君以仁治，臣以义平，乡党以仁恂恂⑥，朝廷以义便便⑦，美女以贞显其行，烈士以义彰其名，阳气以仁生，阴节以义降，鹿鸣以仁求其群，关雎以义鸣其雄，春秋以仁义贬绝，诗以仁义存亡，乾、坤以仁和合，八卦以义相承，书以仁叙九族，君臣以义制忠，礼以仁尽节，乐以礼升降。仁者道之纪，义者圣之学。学之者明，失之者昏，背之者亡……万世不乱，仁义之所治也。

（选自西汉·陆贾《新语·道基》）

注释：

①尚：推崇，崇尚。

②德布：德行的布施。

③以：因为。

④曾、闵：指曾参、闵子骞，二人皆为孔子弟子，是以孝著称的古代先贤。

⑤伯姬：春秋时代鲁国王族女性，姬姓，名不详。为鲁宣公之女、鲁成公之妹。一天夜晚宫室大火，宫人欲救伯姬出宫避火，但年迈却坚守礼教的伯姬说："妇人之义，保傅不俱，夜不下堂，待保傅来也。"最后被火烧死。

⑥恂（xún）恂（xún）：小心谨慎的样子。

⑦便便：形容治理有序。

【文意疏通】

德行高的人威望广大，力量大的人傲于众人。齐桓公推崇仁德而称霸，秦二世崇尚刑罚而灭亡。所以残暴的行为就会积累怨恨，德行的布施就会使功业兴起。老百姓因仁德而归附，至亲因仁德而亲近，夫妇因礼义而结合，朋友之间因义而彼此信任，君臣因义而排列位次，百官因义而担当职责。曾参、闵子骞因仁成就大孝，伯姬因义焚死而成就忠贞，守国的人用仁使国家坚固，辅佐君王的人因义而公允，君王用仁治理天下，臣子用义安定天下，乡亲因仁而小心翼翼，朝廷因义治理有序，美女因贞洁而彰显美好的操行，有气节的人因义而彰显他的名望，阳气因仁而产生，阴气因义而贬抑，鹿鸣叫因仁而寻求它的族群，雎鸠鸣叫因义而呼唤它的配偶，《春秋》因仁义而贬抑至极点，《诗经》因仁义而存亡，乾坤因仁而和谐融融，八卦因义而递相沿袭，《尚书》因仁而评议、排列族人的次序，君臣因义约束忠诚，《礼》因仁为保全节操而牺牲生命，乐因礼盛衰。仁是道的纲纪，义是高尚的学问。学习仁义的人明智，不学习仁义的人昏聩，违背仁义的人灭亡……只有实行仁义之治，才能达到天下太平。

【义理揭示】

陆贾在文中之所以要反复论说行仁义的重要性，是因为他看到了秦王朝迅速覆亡的根源在于"尚刑"。他认识到片面地强调"尚刑"的不足，认为"尚德"才能称霸，君主不能排斥仁义，只有行仁义，方能由上而下维系各种关系，从而治理好整个国家。陆贾

将仁义放在一起说，并将之作为政治、经济、军事、文化活动等的基本法则，是对儒家思想的继承。

四 身在曹营心在汉

【原文选读】

建安五年，曹公东征，先主奔袁绍。曹公禽①羽以归，拜为偏将军，礼之甚厚。绍遣大将军颜良攻东郡太守刘延于白马，曹公使张辽及羽为先锋击之。羽望见良麾盖②，策马刺良於万众之中，斩其首还，绍诸将莫能当者，遂解白马围。曹公即表封羽为汉寿亭侯。初，曹公壮羽为人，而察其心神无久留之意，谓张辽曰："卿试以情问之。"既而辽以问羽，羽叹曰："吾极知曹公待我厚，然吾受刘将军厚恩，誓以共死，不可背之。吾终不留，吾要当立效以报曹公乃去。"辽以羽言报曹公，曹公义之。及羽杀颜良，曹公知其必去，重加赏赐。羽尽封其所赐，拜书告辞，而奔先主于袁军。左右欲追之，曹公曰："彼各为其主，勿追也。"

（选自西晋·陈寿《三国志·关羽传》）

注释：

①禽：通"擒"，捉拿。

②麾盖：旗帜和车盖。

【文意疏通】

建安五年，曹操东征，刘备投奔袁绍。曹操活捉关羽而回，任

命关羽为偏将军，待他非常客气。袁绍派遣大将军颜良到白马进攻东郡太守刘延，曹操让张辽和关羽作先锋迎击颜良。关羽远远望见了颜良的旗帜和车盖，便策马驰入千军万马之中刺杀颜良，割下颜良首级回到营中，袁绍的众多将领没有人能够抵挡他，于是解了白马之围。曹操当即上表奏请朝廷封关羽为汉寿亭侯。当初，曹操佩服关羽的为人，而观察他的心情神态并无久留之意，对张辽说："你凭私人感情去试着问问他。"不久张辽询问关羽，关羽感叹地说："我非常清楚曹公待我情义深厚，但是我受刘将军的深恩，发誓与他同生死，不能背弃他。我终将不能留下，必当立功来报答曹公后才离开。"张辽将关羽的话回报给曹操，曹操认为他是义士。关羽杀了颜良后，曹操知道他一定会离开，便重加赏赐。关羽全部封存曹操给他的赏赐，呈书告辞，到袁绍军中投奔刘备去了。曹操左右的人想要追赶关羽，曹操说："各人都是为了自己的主人，不必追了。"

【义理揭示】

　　曹操活捉关羽后对其关怀备至，"礼之甚厚"，想要笼络关羽，关羽虽感激其知遇之恩，也为其立下战功，但还是无动于衷，并以"受刘将军之厚恩""不可背之"为由谢绝了曹操的好意，说明关羽是位知恩图报、重情重义之人。而曹操"义之"、并不追关羽也说明曹操是位有情有义的统帅。

五 李膺慷慨勇赴死

【原文选读】

李膺，字元礼，颍川襄城人也，性简亢^①……拜司隶校尉。时张让^②弟朔为野王令，贪残无道，至乃杀孕妇。闻膺厉威严，惧罪逃还京师，因匿兄让第舍，藏于合柱中。膺知其状，率将吏卒破柱取朔，付洛阳狱。受辞^③毕，即杀之。让诉冤于帝，诏膺入殿，御亲临轩^④，诘以不先请便加诛辟之意。膺对曰："昔仲尼为鲁司寇，七日而诛少正卯。今臣到官已积一旬，私惧以稽留为愆^⑤，不意获速疾之罪。诚自知衅责^⑥，特乞留五日，克殄^⑦元恶，退就鼎镬^⑧，始生之愿也。"帝无复言，顾谓让曰："此汝弟之罪，司隶何愆?"乃遣出之。

是时朝廷日乱，纲纪颓弛，膺独持风裁^⑨，以声名自高。士有被其容接者，名为登龙门。及遭党事^⑩，当考实膺等。案经三府，太尉陈蕃却之。帝愈怒，遂下膺等于黄门北寺狱。膺等颇引宦官子弟，宦官多惧，请帝以天时宜赦。于是大赦天下。膺免归乡里，居阳城山中，天下士大夫皆高尚其道，而污秽朝廷。后张俭^⑪事起，收捕钩党，乡人谓膺曰："可去矣。"对曰："事不辞难，罪不逃刑，臣之节也。"乃诣诏狱。考死，妻子徙边，门生、故吏及其父兄，并被禁锢。时侍御史蜀郡景毅子顾为膺门徒，而未有录牒，故不及于谴。毅乃慨然曰："本谓膺贤，遣子师之，岂可以漏夺名籍，苟安而已!"遂自表免归，时人义之。

（选自南朝宋·范晔《后汉书·党锢列传》）

注释：

　　①简亢：孤傲清高。

　　②张让：东汉末年专权的宦官。

　　③受辞：指审讯口供。

　　④临轩：皇帝不坐正殿而御前殿。

　　⑤愆（qiān）：罪过，过失。

　　⑥衅责：罪责。

　　⑦殄（tiǎn）：消灭。

　　⑧鼎镬（huò）：古代两种烹饪器，此指刑罚。

　　⑨风裁：刚正不阿的品格。

　　⑩党事：指东汉桓帝时李膺等因挟击擅权的宦官而遭诬告的党锢之祸。

　　⑪张俭：曾任山阳东部督邮，因揭露宦官侯览罪恶而与之结仇。

【文意疏通】

　　李膺，字元礼，颍川郡襄城县人，禀性孤傲清高……被任命为司隶校尉。当时张让的弟弟张朔担任野王县县令，贪婪残暴没有仁道，以至于连孕妇都杀。听说李膺特别威严，畏罪逃回京城后，就躲到哥哥张让家中，藏在空心柱里。李膺知道了这一情况，率领官兵砸破柱子捉住张朔，交付洛阳监狱。记下口供之后，立即杀了。张让向皇帝鸣冤，皇上下诏让李膺进殿，御驾亲临，责问李膺为什么不先请示便将张朔诛杀。李膺回答说："当年孔子担任鲁国的司寇，七天之后就杀了奸臣少正卯。现在我担任司隶校尉已经有十天了，私下担心错在迟疑拖延，却不料落得个办案太快的罪名。我自己知道有愧职守，只请求让我再苟活五天，能够消灭元凶，我再回来受死，心甘情愿。"皇上无话可讲，回过头对张让说："这是你家弟弟的罪过，李司隶有什么错呢？"于是让李膺出去了。

当时朝廷一天天混乱，纲纪颓废，李膺独自坚持自己的节操，保持自己的好名声。士人有被他接纳的，称为"登龙门"。等到党锢之祸发生，需查究李膺等人的情况。案卷经过三府时，太尉陈蕃拒绝了。皇帝更加愤怒，于是把李膺等人交付给黄门北寺狱。李膺等人多揭发宦官子弟，宦官害怕，乞请皇帝以天时不正为由赦免囚犯。皇上于是大赦天下。李膺被赦免后回归故里，住在阳城山中，天下的士大夫都认为他道德高尚，而认为朝廷十分污秽黑暗。后来张俭事发，搜捕党人，同乡人对李膺说："你可以离开了。"李膺回答说："遇灾难不逃避，有罪过不推卸，这是做大臣的节操。"于是前往诏狱。李膺被拷打致死，妻子儿女流放边疆，门生、故吏以及他们的父兄都被禁止做官。当时侍御史蜀郡景毅的儿子景顾是李膺的学生，但是没有登在名册上，所以没有遭到处分。景毅于是慨然而叹："我本来就是认为李膺贤能，才送儿子去拜他为师，怎么可以因为在名单上漏记了姓名，就苟且偷安了呢!"于是自己上表免官回乡，当时人们都认为他有道义。

【义理揭示】

作为监察官，李膺执法如山，在查办张朔杀人一案中，他把个人的生死得失置之度外；身为人臣，李膺敢于担当，张俭事发后，他没有听从同乡人的劝说逃走避祸，而是主动前往牢狱，尽到了做人臣的高尚节义。百姓深深敬仰他的这种公平正义和大义凛然，并深受感染，景毅主动上表免官就是其中的典型。

六　聂政舍身谢知己

【原文选读】

聂政者，轵深井里人也。杀人避仇，与母、姊如齐，以屠为事。

久之，濮阳严仲子事韩哀侯，与韩相侠累有郤①。严仲子恐诛，亡去，游求人可以报侠累者。至齐，齐人或言聂政勇敢士也，避仇隐于屠者之间。严仲子至门请，数反，然后具酒自畅②聂政母前。……

久之，聂政母死。既已葬，除服③，聂政曰："嗟乎！政乃市井之人，鼓刀④以屠；而严仲子乃诸侯之卿相也，不远千里，枉⑤车骑而交臣。臣之所以待之，至浅鲜⑥矣，未有大功可以称者，而严仲子奉百金为亲寿，我虽不受，然是者徒深知政也。夫贤者以感忿睚眦⑦之意而亲信穷僻之人，而政独安得嘿⑧然而已乎！且前日要⑨政，政徒以老母；老母今以天年终，政将为知己者用。"乃遂西至濮阳，见严仲子曰："前日所以不许仲子者，徒以亲在；今不幸而母以天年终。仲子所欲报仇者为谁？请得从事焉！"严仲子具告曰："臣之仇韩相侠累，侠累又韩君之季父也，宗族盛多，居处兵卫甚设，臣欲使人刺之，终莫能就⑩。今足下幸而不弃，请益其车骑壮士可为足下辅翼者。"聂政曰："韩之与卫，相去中间不甚远，今杀人之相，相又国君之亲，此其势不可以多人，多人不能无生得失，生得失则语泄，语泄是韩举国而与仲子为仇，岂不殆哉！"遂谢车骑人徒，聂政乃辞独行。

杖剑至韩，韩相侠累方坐府上，持兵戟而卫侍者甚众。聂政直入，上阶刺杀侠累，左右大乱。聂政大呼，所击杀者数十人，因自皮面决眼⑪，自屠出肠，遂以死。

（选自西汉·司马迁《史记·刺客列传》）

注释：

①郤：通"隙"，隔阂，嫌怨。

②畅：痛快，尽情地，此指痛快地敬酒。

③除服：脱去丧服。

④鼓刀：摆弄刀子发出响声。宰杀牲畜时敲击其刀，使之发声，故曰鼓刀。

⑤枉：屈就，用于别人，含敬意。

⑥鲜：少。

⑦睚眦：指极小的仇恨。

⑧嘿：通"默"。

⑨要：通"邀"。

⑩就：完成。

⑪皮面决眼：刀割面皮，挖出眼珠。

【文意疏通】

聂政，轵邑深井里人。因为杀了人，为了躲避仇敌，于是和母亲、姐姐一起到了齐国，以屠宰为业。

隔了很久，濮阳严仲子在韩哀侯朝中供职，与韩相侠累结下怨仇。严仲子怕侠累杀他，逃离韩国，到处访求能向侠累报仇的人。来到齐国，齐国有人谈到聂政，说他是个有勇气有胆量的人，因为避仇而隐身在屠户中间。严仲子登门拜访，来往几次后，备下酒席，亲自向聂政母亲敬酒。

　　过了很久，聂政的母亲去世了。埋葬已毕，脱去丧服之后，聂政说道："唉！我聂政不过是个市井小民，鼓刀屠宰；而严仲子是诸侯的卿相，却不远千里，屈尊来和我结交。我待他极为淡薄，没有什么大功可以和他所待我的相称，而严仲子又奉上百金为我母亲祝寿，我纵然没有接受，但他这样做，只是说明他对我是知遇很深的。一位贤者，因感愤于一点小的仇恨，而亲近信赖一个穷困鄙陋的小民，我聂政哪能对此独独不吭一声、毫无反应就算了呢！再说前些时候他来邀请我，我只是因为老母尚在，没有答应他。现在老母享尽天年，我将要为知己效力了。"于是西行来到濮阳，见严仲子，说道："前些时候我之所以没有答应您仲子，只是因为我母亲尚在；现在母亲已经享尽天年去世了。仲子想要报仇的对象是谁？请让我来办理此事吧！"严仲子便详细地告诉他说："我的仇人是韩相侠累，侠累又是韩国国君的小叔父，他们宗族的人很多，居处警卫十分严密，我想派人刺杀他，但始终没有人能办成。现在幸蒙足下不弃，请允许我加派一些可以做您帮手的车骑壮士一同去。"聂政说："韩国和卫国，中间相距不是很远，如今要去刺杀人家的国相，这位国相又是国君的亲属，在这种情况下势必不能多派人去，人员一多，不可能不发生失误，发生了失误，机密就会泄露，机密一泄露，则韩国全国便会和仲子结仇，这岂不危险吗！"于是谢绝了车骑随从，聂政辞别严仲子，独自一人启程前往。

　　聂政自带利剑到了韩国，韩相侠累正坐在府上，手持兵器侍卫他的人很多。聂政径直闯了进去，上阶刺杀了侠累，两旁的人顿时大乱。聂政大声呼喝，击杀数十人，然后自己削烂面部，挖出眼珠，破肚出肠，随即死去。

【义理揭示】

聂政为人侠义，为报答严仲子"不远千里，枉车骑而交臣"之恩而牺牲了自己。战国游侠的故事让人荡气回肠、感慨万千。他们十分看重人的精神价值，看重名声气节、大道教义，为朋友甘愿献身。尽管现在社会已经不再提倡，但这种"士为知己者死"的侠义精神令人起敬。

七 魏乳母守忠死义

【原文选读】

魏节乳母者，魏公子之乳母。秦攻魏，破之，杀魏王瑕，诛诸公子，而一公子不得，令魏国曰："得公子者，赐金千镒①。匿者，罪至夷。"

节乳母与公子俱逃，魏之故臣见乳母而识之曰："乳母无恙乎？"乳母曰："嗟乎！吾奈公子何？"故臣曰："今公子安在？吾闻秦令曰：'有能得公子者，赐金千镒。匿者，罪至夷。'乳母倘言之，则可以得千金。知而不言，则昆弟②无类矣。"乳母曰："吁！吾不知公子之处。"故臣曰："我闻公子与乳母俱逃。"母曰："吾虽知之，亦终不可以言。"故臣曰："今魏国已破，亡族已灭。子匿之，尚谁为乎？"母吁而言曰："夫见利而反③上者，逆也。畏死而弃义者，乱也。今持逆乱而以求利，吾不为也。且夫凡为人养子者务生之，非为杀之也。岂可利赏畏诛之故，废正义而行逆节哉！妾不能生而令公子禽也。"遂抱公子逃于深泽之中。

故臣以告秦军，秦军追，见争射之，乳母以身为公子蔽，矢着

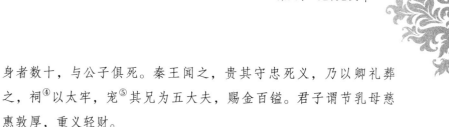

身者数十，与公子俱死。秦王闻之，贵其守忠死义，乃以卿礼葬之，祠④以太牢，宠⑤其兄为五大夫，赐金百镒。君子谓节乳母慈惠敦厚，重义轻财。

（选自西汉·刘向《列女传·节义传》）

注释：

　　①镒（yì）：古代重量单位，合二十两。一说二十四两。

　　②昆弟：兄弟，此指兄弟骨肉。

　　③反：背叛。

　　④祠：祭祀。

　　⑤宠：推崇，尊崇。

【文意疏通】

　　魏节乳母，是魏公子的乳母。秦国攻打魏国并攻破魏国都城。杀了魏王瑕，诛杀各位公子，但有一个公子未被杀，秦国给魏国下令说："抓住公子的人，赏赐金子千镒，藏匿他的人罪行是灭族。"

　　魏节乳母与公子一起逃跑。魏国的旧臣见到乳母并且认识她，说："乳母别来无恙？"乳母说："哎！我该拿公子怎么办呢！"旧臣说："现在公子在哪里？我听秦国命令说，'有能抓住公子的人赏赐金子千镒，藏匿他的人罪行是灭族。'乳母如果说出来，则可以凭着它得千金，知道并且不说出来，则兄弟骨肉都没有了。"乳母说："哎！我不知道公子的处所。"旧臣说："我听说公子与乳母你一起逃走的。"乳母说："我虽然知道，也最终不可以把这件事说出来。"旧臣说："现在魏国已经破城亡国，族人都已经灭绝了，你藏着他还为了谁呢？"乳母叹息说："那些见到利益而背叛国君的人，是谋逆；害怕死而放弃正义的人，是作乱。现在谋逆作乱并且拿来谋取利益，我不做。并且帮人养育儿子，是为了使他活着，而不是为了杀他，我怎么可以因为利益赏赐并且害怕诛杀的缘故，废弃正义违背节义呢！我不能活着而使得公子被抓。"于是抱着公子逃到深泽里面。

旧臣把这件事告诉秦军，秦军追上，看见他们后争相用箭射杀他们。乳母用自己的身体替公子遮蔽，射到她身上的箭有好几十支，最后乳母和公子一起死了。秦王听说这件事，认为她用死来维护忠心和义气的精神很可贵，于是按照大臣的礼仪把她安葬，用太牢来供奉，尊崇并将她的哥哥封为五大夫，赏赐金子百镒。君子认为魏节乳母仁慈贤惠，诚实忠厚，看重正义，轻视钱财。

【义理揭示】

古往今来，"见利而反上"之逆者有之，"畏死而弃义"之乱者亦有之，"废正义而行逆节"之事屡见不鲜。而魏节乳母却能在"赐金千镒"的奖赏面前"我自岿然不动"，其"逆也""乱也""吾不为也"之语掷地有声，足以彰显其慈惠敦厚、重义轻财的品质。一位普通的乳母用死来维护忠心和义气，其精神实属难能可贵。

八 王忳埋金彰德义

【原文选读】

王忳，字少林，广汉新都人也。忳尝诣京师，于空舍中见一书生疾困，愍[1]而视之。书生谓曰忳："我当到洛阳，而被[2]病，命在须臾，腰下有金十斤，愿以相赠，死后乞藏骸骨。"未及问姓名而绝。怃即鬻金一斤，营其殡葬，余金悉置棺下，人无知者。

后归数年，县署③怃大度亭长。初到之日，有马驰入亭中而止。其日，大风飘一绣被，复堕怃前，即言之于县，县以归怃。怃后乘马到雒县④，马遂奔走，牵怃入它舍。主人见之喜曰："今禽⑤盗矣。"问怃所由得马，怃具说其状，并及绣被。主人怅然良久，乃曰："被随旋风与马俱亡，卿何阴德而致此二物？"怃自念有葬书生事，因说之，并道书生形貌及埋金处。主人大惊号曰："是我子也。姓金名彦。前往京师，不知所在，何意⑥卿乃葬之。大恩久不报，天以此章⑦卿德耳。"怃悉以被马还之，彦父不取，又厚遗怃，怃辞让而去。时彦父为州从事，因告新都令，假怃休，自与俱迎彦丧，余金俱存。怃由是显名。

（选自南朝宋·范晔《后汉书·独行列传》）

注释：

①愍（mǐn）：通"悯"。

②被：遭遇，遭受。

③署：代理、暂任某官职。此指让……代理。

④雒（luò）县：今四川广汉北。

⑤禽：通"擒"。

⑥意：料想。

⑦章：通"彰"，彰显。

【文意疏通】

王怃，字少林，广汉新都人。王怃曾经到京城去，在一座空屋子里看见一个书生因为生病陷于困境，王怃很怜悯他，就上前去探视他。书生对王忳说："我要到洛阳去，却身遭疾病，将不久于人世，我的腰里有 10 斤金子，我愿意把它赠送给你，我死以后请你埋葬了我。"王忳还没来得及问他的姓名，书生就死了。王忳就卖掉了一斤金子，料理书生的丧事，余下的金子全都放到了棺材下面，没有人知道这件事。

后来回到家乡多年，县里让王忳代理大度亭长。刚刚到任的那天，有一匹马跑到亭中停了下来。那天，随着大风飘来了一床绣被，又落到了王忳的面前，王忳就把这事对县里说了，县里把马和绣被送给了王忳。后来王忳骑着那匹马到雒县去，那匹马飞奔着把王忳驮到了它的马棚里。主人看到了马，高兴地说："今天擒住盗马贼了。"马的主人询问王忳怎么得到的马，王忳就详细地说了马以及那床绣被的情况。马的主人呆住了，很久才说："绣被随着大风与马一同消失，你怎么就凭借阴德得到了这两样东西？"王忳心想还有埋葬书生的事，于是也说了，并说了书生的相貌和埋金子的地方。马的主人大惊，号哭道："那是我的儿子。他姓金，名叫彦。他前往京城，不知到哪里去了，没想到竟是你帮忙埋葬了他。你的大恩那么久了没有报答，上天要用这事来彰显你的品德。"王忳把马和绣被全部归还主人，金彦的父亲不要，又厚赠王忳，王忳坚决推辞，然后离去。当时金彦的父亲做州里的从事，于是把这事告诉了新都县令，请县令放王忳的假，与自己一同前往迎回金彦的棺木，当时余下的金子还都在。王忳因此而扬名。

【义理揭示】

王忳的故事尽管有些蹊跷，但其乐于助人、诚信为人的品质让人敬仰。他乐于助人，按照书生的嘱托，在书生死后料理了书生的

丧事。王忳的可贵之处更在于他诚实守信，不见利忘义，不贪慕钱财，在没有别人监督的情况下表现出高度的道德自觉。

九　武训行乞办义学

【原文选读】

武训，山东堂邑人。乞者也，初无名，以其第①曰武七。七孤贫，从母乞於市，得钱必市甘旨②奉母。母既丧，稍长，且佣且乞。

自恨不识字，誓积赀③设义学，以所得钱寄富家权子母④，积三十年，得田二百三十亩有奇⑤，乞如故。蓝缕蔽骭⑥，昼乞而夜织。或劝其娶，七谢之。又数年，设义塾柳林庄，筑塾费钱四千馀缗，尽出所积田以资塾。塾为二级，曰蒙学，曰经学。开塾日，七先拜塾师，次遍拜诸生，具盛馔飨师，七屏立门外，俟宴罢，啜其馀。曰："我乞者，不敢与师抗礼⑦也！"常往来塾中，值师昼寝，默跪榻前，师觉惊起；遇学生游戏，亦如之：师生相戒勉。於学有不谨者，七闻之，泣且劝。有司旌其勤，名之曰训。

尝至馆陶，僧了证设塾鸦庄，赀不足，出钱数百缗助其成。复积金千馀，建义塾临清，皆以其姓名名焉。县有嫠⑧张陈氏，家贫，刲⑨肉以奉姑，训予田十亩助其养。遇孤寒，辄假以钱，终身不取，亦不以告人。

光绪二十二年，殁临清义塾庑下，年五十九。病革⑩，闻诸生诵读声，犹张目而笑。县人感其义，镂像於石，归田四十亩，以其从子奉祀。山东巡抚张曜、袁树勋先后疏请旌，祀孝义祠。

（选自《清史稿·武训传》）

注释:

①第:次序,此指兄弟的排行。

②甘旨:美味的食品。

③赀(zī):通"资"。

④权子母:指借贷生息。

⑤有(yǒu)奇(jī):有零头。

⑥骭(gàn):肋骨,此处指身体。

⑦抗礼:行平等的礼,又作"亢礼""伉礼"。

⑧嫠(lí):寡妇。

⑨刲(kuī):割取。

⑩革(jí):病重。

【文意疏通】

武训,山东堂邑人,他本来没有名字,人们根据他在家中的排行称他为武七。武七幼年丧父,孤苦贫寒,随母亲在街市上乞讨为生,讨得一点钱必定要买些好吃的给母亲。后来母亲去世,武七年龄稍长,就一边帮人做佣工,一边乞讨,维持生计。

他遗憾自己不识字,发誓有了钱之后一定要建免费的学堂,他把每次乞讨所得的钱存在富豪人家图些利息,积攒了30年,他的钱已经可以买下230多亩地,但还是继续原来的乞讨生活。平时身上穿的是破衣裳,白天乞讨晚上织布。有的人劝他讨个媳妇,武七婉言谢绝了。又过了几年,他在柳林庄建立免费私塾,建这学校花了他4000多串钱,并且他还将自己积攒下的田地全部捐助给私塾。塾馆分为两个级别,一个是启蒙的蒙学,一个是研究学问的经学。私塾开学,武训先拜老师,再拜学生,并准备了丰盛的食物宴请老

师，武七自己却立于门外，等待宴会结束，才吃了点剩余的东西。他说："我只是个乞丐，不能与老师共席。"武七经常往来私塾，碰到老师白天睡觉懒怠，就默默跪在床前，老师觉察后立刻惊起；遇到学生嬉戏打闹，也这样：因此师生相互告诫勉励。学生学习上有松懈的，武七听说后就会哭着劝他。有官员为表彰他的勤劳，给他起名叫训。

武训曾经到馆陶县，遇到僧人了证在鸦庄设立塾馆，资金不足，就拿出数百串钱帮他完成。后来武七又积攒了1000多两银子，在临清县建立了一所免费私塾，都用他自己的名字命名。县里有个寡妇张陈氏，家里穷到割身上的肉给婆婆吃，武训就送她10亩田，帮助她赡养老人。遇到出身低微的贫寒士人，武训总是借给他们钱，终身不要，也不告诉任何人。

光绪二十二年，武七于临清县免费私塾的厢房里去世，终年59岁。当他病重的时候，听到学生们的读书声，还睁着眼睛微笑。县里的百姓被他的义举感动，把他的相貌雕刻在石头上，把40亩田归还给武家，让他侄子供奉祭祀。山东巡抚张曜、袁树勋闻知武训去世，先后上奏朝廷表扬武训，并建孝义祠祭祀他。

【义理揭示】

武训行乞办义学的故事流传甚广，其事迹和精神在中国教育史上独一无二。武训精神不仅是"义"的一种责任与担当，更体现了仁者爱人的优良传统。可以说，武训是百年蒙昧中国的先觉者，他本质上走的是教育救国的道路。之所以这样说，是因为武训让学堂大门面向所有人打开，尤其是让底层贫困平民的子弟能够有受教育的机会。这种实现平民教育的伟大创举多少反映了下层农民朴素的改良主义意识。

✚ 冯谖市义焚券契

【原文选读】

孟尝君①出记②，问门下诸客："谁习计会③，能为文收责④于薛者乎？"冯谖署曰："能。"孟尝君怪之，曰："此谁也？"左右曰："乃歌夫'长铗归来'者也。"孟尝君笑曰："客果有能也，吾负之，未尝见也。"请而见之，谢曰："文倦于事，愦于忧⑤，而性懧愚⑥，沈⑦于国家之事，开罪于先生。先生不羞，乃有意欲为收责于薛乎？"冯谖曰："愿之。"于是约车治装，载券契⑧而行，辞曰："责毕收，以何市而反？"孟尝君曰："视吾家所寡有者。"

驱而之薛，使吏召诸民当偿者，悉来合券。券遍合，起，矫命⑨以责赐诸民，因烧其券，民称"万岁"。

长驱到齐，晨而求见。孟尝君怪其疾也，衣冠而见之，曰："责毕收乎？来何疾也！"曰："收毕矣。""以何市而反？"冯谖曰："君云'视吾家所寡有者'。臣窃计，君宫中积珍宝，狗马实外厩，美人充下陈⑩。君家所寡有者，以义耳！窃以为君市义。"孟尝君曰："市义奈何？"曰："今君有区区之薛，不拊爱⑪子其民，因而贾利之。臣窃矫君命，以责赐诸民，因烧其券，民称'万岁'。乃臣所以为君市义也。"

（选自西汉·刘向《战国策·齐策》）

注释：

①孟尝君：即田文，战国时齐国贵族，战国四公子之一。

②记：账册，古代的一种公文文种。

③计会：会计。

④责：通"债"。

⑤愦于忧：忧愁思虑太多，心思烦乱。愦，通"溃"，乱。

⑥惷愚：懦弱无能。惷，通"惷"。

⑦沈：通"沉"。

⑧券契：债契。债务关系人双方各持一半为凭。古时契约写在竹简或木简上，分两半，验证时合起来查对，故后有合券之说。下文的"合券"，即验合债券。

⑨矫命：假托（孟尝君）命令。

⑩下陈：堂下，后室。

⑪拊爱：爱抚。拊，通"抚"，抚育，抚慰。

【文意疏通】

孟尝君贴出一张文告，问门下诸位食客："哪位学过会计，能够替我去薛地收债吗？"冯谖签了名，说："我能够。"孟尝君见了名字感到很惊奇，问："这是谁呀？"管事的人说："就是唱那'长铗归来'的人。"孟尝君笑着说："这位门客果然有才能，我亏待了他，还没见过面呢！"孟尝君就派人请冯谖来相见，向他道歉说："我被琐事搞得精疲力竭，被忧虑搅得心烦意乱，加之我懦弱无能，整天埋在国家大事之中，以致怠慢了您，而您却并不见怪，倒愿意往薛地去为我收债，是吗？"冯谖回答道："我愿意去。"于是备好车马，整治行装，载上契约票据动身了。临行前冯谖向孟尝君告辞，问："债收完了，买什么回来？"孟尝君说："您看我家里缺什么就买什么吧。"

冯谖坐着车子到了薛地，派官吏把该还债务的百姓找来核验借据。借据核验完毕后，他假托孟尝君的命令，把所有的债款赏赐给欠债人，并当场把债券烧掉。百姓都高呼"孟尝君万岁"。

冯谖赶着车，马不停蹄，直奔齐都，清晨就求见孟尝君。孟尝君对他回来得这么快感到奇怪，穿好衣服、戴好帽子，去见他，问道："债都收完了吗？怎么回来得这么快？"冯谖说："债都收了。""买什么回来了？"孟尝君问。冯谖回答道："您曾说'看我家缺什么就买什么'，我私下考虑您宫中积满了奇珍异宝，外面马房多的是猎狗、骏马，后庭多的是美女，您家里所缺的只不过是恩义罢了，所以我用债款为您买了恩义。"孟尝君道："买恩义是怎么回事？"冯谖道："现在您只有一块小小的薛地，您不像对待自己的子女一样去爱护那里的老百姓，还向他们放债求利。我擅自假造了您的命令，把债款赏赐给百姓，顺便烧掉了契据，以致百姓欢呼'孟尝君万岁'，这就是我为您买恩义的方式啊！"

【义理揭示】

"冯谖市义"的故事之所以广为流传，在于他以"矫君命"的方式表现了"拊爱其民"的思想。冯谖认为只有关爱百姓，才能让百姓归服；同时，烧掉债券其实就是减轻人民的负担，是安顿百姓、保护百姓的体现，这样才能巩固孟尝君的地位。冯谖的行为当然是一种计策，虽体现了他的智慧，但"市义"彰显的又何尝不是爱民仁民、安民保民的思想呢？

十一 髯樵贱薪殴秦桧

【原文选读】

明季吴县洞庭山乡，有樵子者，貌髯①而伟，姓名不著，绝有力。每暮夜樵采，独行山中，不避蛇虎。所得薪，人负百斤而止，髯独负二百四十斤，然鬻于人，止取百斤价。人或讶问之，髯曰："薪取之山，人各自食其力耳。彼非不欲多负，力不赡②也。吾力倍蓰③而食不兼人，故贱其值。且值贱，则吾薪易售，不庸有利乎？"由是人颇异之，加刮目焉。

髯目不知书，然好听人谈古今事，常激于义，出言辩是非，儒者无以难。尝荷薪至演剧所，观《精忠传》。所谓秦桧者出，髯怒，飞跃上台，捽桧殴，流血几毙。众咸惊救。髯曰："若为丞相，奸似此，不殴杀何待？"众曰："此戏也，非真桧。"髯曰："吾亦知戏，故殴，若真，膏④吾斧矣！"其性刚疾恶类如此。

（选自清·张潮《虞初新志》，题目为新改）

注释：

①髯（rán）：两腮的胡子，亦泛指胡子。

②赡：富足，足够。

③倍蓰（xǐ）：倍，一倍；蓰，五倍。二字连用泛指几倍。

④膏：油脂，此指滋润。

【文意疏通】

明朝末年，吴县洞庭山的乡村中，有个打柴的人，满脸大胡子并且身材魁伟，姓名不被人所知，极有力气。常在夜间打柴，独自一人在山中行走，不怕碰上毒蛇猛虎。打的柴草，别人只能背100斤，髯樵独自能背240斤，但是卖给别人，只收取百斤柴的钱。有人惊讶地问他，髯樵说："柴取自山中，人们都是自食其力罢了。他们不是不想多背，而是力量没有那么大。我的力量是别人的几倍，但吃饭并不比别人多，所以把价钱压低了。再说，价钱压低了，我的柴又容易卖，这难道不是有好处吗？"因此人们都认为他与众不同，更加对他刮目相看了。

髯樵不识字，但是喜欢听别人谈论古往今来的事情，常常激于义愤，说出话来，争辩是非得失，就是读书人也没有办法驳倒他。有一次，他背着柴到戏场观看《精忠传》。那个扮演秦桧的演员出场了，髯樵大怒，飞步跳上台，摔倒秦桧殴打他，把他打得鲜血直流，差点儿要了命。众人急忙来救。髯樵说："他做丞相，奸恶成这样，不打死他还等什么？"众人说："这是演戏啊，不是真秦桧。"髯樵说："我也知道是演戏，所以才打他一顿。如果是真秦桧，就要用他的血肉给我的斧头上油了！"他性格刚烈、疾恶如仇就像这样。

【义理揭示】

以砍柴为生的髯樵，虽目不识丁，但却知"力倍蓰"而"贱其值"的义理；他"摔桧殴"的义举也缘于他"激于义""辩是非""性刚疾恶"的耿直性格。可见，髯樵是一位朴实仁厚、疾恶如仇、不向邪恶势力低头的"义士"。

义，作为传统美德的重要范畴，为早期儒家所高度重视。有一种说法叫"孔曰仁，孟曰义"。其实孔孟都没有把"仁"和"义"割裂开来，而是把它们紧密地联系在一起。孔子认为仁德君子都"义以为质""义以为上"，并把做人做事是否合乎道义作为辨别是不是正人君子的根本标准。孟子继其统，仁义并举。他在《孟子》一书的开篇答梁惠王问时，就开宗明义地说："王何必曰利，亦有仁义而已矣。"自此，"仁义"并称便成为儒家最高的道德规范，影响了中国社会道德风尚两千多年。

关于义与仁的关系，孟子曾有一个形象的比喻。他说："仁，人心也；义，人路也。舍其路而弗由，放其心而不知求，哀哉！"也就是说，仁是人的善良本心，义是行仁的必由之路。如果人放着这条正路不走，丢掉了善良之心而不知寻找回来，那就太可悲了。仁和义的规定性决定了两者的关系：作为最高德行的仁是内容，义则是体现这种内容的形式。它们两者的完美结合便成为儒家最高的道德准则。孔子说"志士仁人，无求生以害仁，有杀身以成仁"，孟子说"生，亦我所欲也；义，亦我所欲也。二者不可得兼，舍生而取义者也"。几千年来，仁义几乎成为中华民族传统美德的代名词，是一种共德和恒德。

儒家经典《中庸》给"义"下的很宽泛的定义是"义者宜也"。即指思想行为适宜，凡是符合一定的标准言行皆可称为"义"。这个标准就是孔孟所倡导的仁、礼、忠、信、孝、勇等道德规范。符合这些规范的思想行为就是义，否则就是不义。如孝义、忠义、情义、信义，体现的是仁的美德；正义、道义、仗义，则强调的是思想行为的公正性；义不容辞、义无反顾、见义勇为、大义凛然，是对恪守仁道美德的充分肯定；义工、义捐、义演、义卖等义举，是对奉献爱心的由衷赞许等。所有符合"义"的规范的高尚言行，都可以用孟子的一句话来概括，即"义，人之正路也"。而当人的言行违背了这些规范时，就会被斥责为不仁不义、背信弃义、见利忘义、不义之徒等，而且自古就有"多行不义必自毙"的警示。

　　义和利自古就是一对时常纠缠在一起的矛盾。人们曾因《论语》中一句"子罕言利"而引申出"君子不言利"。其实孔子并非不言利，而是很少单独谈利，谈利时总是和义联系起来。儒家的义利观，要求在处理义利关系时把义放在第一位。孔子曾反复讲，"富与贵，是人之所欲也；不以其道得之，不处也"，"富而可求也，虽执鞭之士，吾亦为之。如不可求，从吾所好"，意思是说富贵是人人都喜欢的，如果不是从正道（即不符合"义"）得来的，君子是不会要的。财富从正道获得，即使是拿着鞭子赶车这样的活我也愿意去做。如果是不应该得的，那我还是坚守我的道义。孔子的义利观对于一般人来说，是"君子爱财，取之有道"，而对为政者来说，则是要"因民之所利而利之"，也就是要"利为民所谋"。

　　由此可见，"义"的广义虽然是"宜"，但它的实质强调的则是"正"，即正义、正直、公正、中正，它是对正的充分肯定。比如，当一个人处在不公正的境遇中时，能做到大义凛然、不向邪恶势力低头；在遇到不公平的事情时，能做到仗义执言、坚持正义；在别人遇到危难需要帮助时，能见义勇为、施以援手；在践行崇高

的理想时能不畏艰险、义无反顾，这就是人们所赞美的"义薄云天"。

从以上所选故事来看，"卜式献财不为官""李膺慷慨勇赴死"体现的是一种为国家舍小家的大义凛然，"身在曹营心在汉""魏乳母守忠死义"彰显的是一种情义、孝义和忠义，"王忳埋金彰德义""武训行乞办义学"体现出一种高尚的德义，"冯谖市义焚券契"是一种安民保民的仁义，"髯樵贱薪殴秦桧"是一种疾恶如仇的正义，"聂政舍身谢知己"是一种"士为知己者死"的侠义，这些都从不同侧面、不同角度表现了"义"的丰富内涵。

今人讲义，往往会跟"哥们儿义气"混为一谈，这是对"义"的含义的一种曲解。"哥们儿义气"如果是指朋友之间相互关照、相互帮衬，也是一种侠肝义胆。但这只能算作是一种小义、私义，算不上儒家所推崇的大义、公义。小义如果处理不当，还可能破坏大义。

总之，义或仁义作为传统美德，既是一个很高尚，又是一个很宽泛的范畴。人人都应该追求，也是人人都可以做到的。一个人要做品德高尚的正人君子，就要把它作为自己操行的圭臬。时代不断发展变化，但人要走正道这一基本的人生信条却是亘古不变的。

闫帅的职业选择是被动的，因为父母相继病倒，他才改变了自己的人生规划。他是出于对父母的孝心和责任，才接过了这个与其19岁年龄极不相称的担子。当然，从他身上，我们读到的更多的是当代青年的至善爱心和道德坚守。

1987 年出生的闫帅，喜欢打篮球、跳街舞，一个标准的北京大男孩，如今却有个响当当的身份——北京市房山区普乐园爱心养老院院长。

第一次给老人穿衣做饭、第一次为老人清理粪便、第一次处理老人的后事……谁曾想到，这个曾经爱打篮球、会跳街舞、疯玩 B－Box 的男孩闫帅，会在父母相继生了重病之后，独自撑起母亲创办的养老院！

他说自己 19 岁前不知道烦恼为何物，花钱如流水，和朋友吃喝玩乐一晚最高消费能达到三四千元。每次向父亲要钱，他的自尊都被踩在脚下。他很不喜欢看父亲恨铁不成钢的表情，那时，父子关系处在紧张状态。

2006 年，当父亲闫志才和母亲孔凤莲盘算着办养老院时，他一点儿也不关心。那时，他刚中专毕业，找到了一份工作。然而，2007 年的一场家庭变故彻底改变了他。父亲跟他说，你妈妈的日子越来越少了，得了癌症。他听完就蹲在地上大哭。这也是他第一次看到父亲流泪。当时，几乎花掉家庭全部积蓄的养老院，还没有几个老人，经营惨淡。这种情况下，他不得不辞掉 IT 工作，全身心投入到养老院的经营管理之中，尽一个养老院院长的责任。

做这些老人的"家长"，并不是一件轻松的工作。每天最让闫帅紧张的时候，就是晚上。他最怕电话铃响，一响十有八九就是老人出事儿。为此，他不得不每隔一段时间就换一种电话铃声。遇到老人排便不畅，他会自己给老人涂开塞露。若是还不行，则会带一次性手套，用手去抠。"要用这根手指去掏，这根手指比较细，不会伤着。"他掰着自己的食指说。长期卧床，老人耳朵里堆了不

少耳屎，很痒，又挠不了，很难受，老人的眼睛就总往上挑。闫帅给他轻轻地清理完，解了痒，看到老人特别舒服、很放松很满足的表情，觉得自己这种生活很有意义。

在养老院，不是所有的老人都配合他的工作。曾经有一位老太太隔几天就说自己身体不适，而每次闫帅慌慌张张把老人送到医院急诊室，都没有查出任何毛病。这时，闫帅不得不赔着笑脸，向闻讯赶来的家属解释情况，赔礼道歉，然后再把老人送回养老院。有时候，也要动一动脑子调解老人之间的矛盾。曾经，养老院里住进了一个国民党的老兵和一个共产党的老兵。两位老人几乎一见面就吵架，有时甚至会动起手来。但是后来，聪明的院长把两个老兵安排在同一个房间，竟然发现老人不吵架了，每天都在屋里聊过去的人和曾经的战役，最终两位老人成了很好的朋友。

八年来，养老院的老人由几个扩展到130多个，有时甚至满员，这使闫帅和他的父母十分欣慰。在闫帅看来，如果没有生活的磨难，他恐怕也不会有责任感，甚至会不务正业。之所以会出现这种情况，是由于当事人没找到人生中最重要的东西，没有被逼到这个份儿上。

有一回，一个老人患了脑出血后遗症，他躺在床上，不说话，表情很痛苦，只是眼睛不停地眨着。他问老人哪里痛？哪里痒？老人要么摇头，要么眨眼，把胳膊、腿猜了一遍，说到后背时老人才连续眨了眨眼。"这说明老人后背痒，需要给挠挠。挠过后，还需擦点润肤霜。"他说，"做这些事，院长都要亲力亲为，做出表率。如果连你都不愿意做，凭什么让别人做，养老院就要靠护理留住老人。"

闫帅还说，要管理好这个养老院并不容易。养老院曾住有一位能自理的老人，其女儿一年也不来看她一次。有一次洗澡，老人不愿意坐防滑椅，也不要防滑砖和防滑垫，非要坐自己的木头椅子洗。当一个护理员去帮她拿浴液，另一个给她洗内衣时，她却从椅子上滑了下来，并摔伤了。"家属来后，指着鼻子说，我就要讹你。"闫帅回忆，他当时真想把养老院卖掉。

他父亲病重的那段日子，有人愿出近 2500 万元收购养老院，这笔钱能立即还清他家的 200 多万元债务。但是，他的母亲坚决不同意。"我只能接着干。"他说，"养老院不是一般人能干的，最起码要有爱心。此外，还要有较强的心理承受能力。"

说起现在的工作，闫帅常自嘲"我被养老院绑架了"，但转身又会说，"我不能放弃，放弃了，这些爷爷奶奶去哪里呢？""养老院能让你看到人生的四分之三。"闫帅说。提起未来的打算，他说要办一个人人住得起的养老院，用两三年的时间组建一支养老院管理团队。他说："到那时或许能轻松一些，有了时间就能再和朋友们跳舞唱歌了。"公办养老院的基础设施和服务较好，很多老人排队往里边住。而一些民办养老院，因为资金不足，护理服务和养老设施标准不够，使得不少老人望而却步。

"要办人人住得起的养老院，肯定要扩大经营，养老收费也不能太高。"闫帅说，他家养老院普通房是一个月 900 元，如果房间里有彩电、空调、冰箱，一个月收费是 1800 元。同等条件下，在市里要近 5000 元。他还说，现在很多老人的子女都是工薪阶层，有房贷，上养老下养小，负担较重。根据这些情况，养老院不必与老人签长期协议，住一个月也行，半年或者一年也行，要让他们根据自己的经济条件决定。

当记者采访这位年轻的院长时，闫帅对记者说："养老行业不

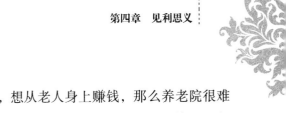

能短视。如果只看眼前利润，想从老人身上赚钱，那么养老院很难打造成品牌。尤其是服务行业，光靠硬件，没有口碑相传是不行的。有了口碑，就能把老人吸引进来。"

文化感悟

1. 孝义、忠义、情义、信义，体现的是仁的美德，请从这四个方面搜集古今中外的事例2—3则，制作一期"义德"专题小报。

2. "聂政舍身谢知己"中，聂政为人侠义，为报答严仲子之恩牺牲了自己，这种"士为知己者死"的侠义精神，你认为当今社会值不值得提倡？

3. 孔子说："君子喻于义，小人喻于利。"现实生活中，你如何看待"义"和"利"的关系？

第五章　诚信为本

一　孔子论"信"

【原文选读】

　　宽则得众，信则人任焉。　　　　　　　　　　（《论语·阳货》）

　　上好信，则民莫敢不用情①。　　　　　　　　（《论语·子路》）

　　人而无信，不知其可也。大车无輗②，小车无軏③，其何以行之哉？　　　　　　　　　　　　　　　　　　　　　　（《论语·为政》）

　　与朋友交，言而有信。　　　　　　　　　　　（《论语·学而》）

　　君子信而后劳其民④，未信，则以为厉⑤己也；信而后谏，未信，则以为谤己也。　　　　　　　　　　　　　　（《论语·子张》）

注释：

①用情：指用真心和实情对待人。

②輗（ní）：古代大车车辕前面横木上的木销子。

③軏（yuè）：古代小车车辕前面横木上的木销子。

④劳其民：意为让百姓去服劳役。劳，指役使。

⑤厉：虐待，折磨。

【文意疏通】

宽厚，就会得到众人的拥护；诚实，就能得到别人的信任。

在上位的人能重视信的品德，民众便不敢不用他们的真心和实情来对待在上位的人。

一个人不讲信用，不知他怎样立身处世。就像大车没有安装横木的輗，小车没有安装横木的軏一样，它们靠什么行走呢？

同朋友交往，说话要诚实、恪守信用。

君子要建立信用，然后才能役使百姓；没有取得信任就去役使他们，百姓就会以为是在苛待他们。君子要建立信用，而后才能劝谏别人；如果还未取得信任就去进谏，听者就会以为是在诽谤自己。

【义理揭示】

孔子把"信"分为两种。一种是信任，偏向于达到何种条件则别人会相信自己，如上面选文前两则即如此；一种是信用，偏向于为人的诚信品质，如上面选文后三则。在孔子看来，"信"是人不可缺少的基本的道德修养，一个人如果不讲"信"、不具备"信"的品质，就无法行事，也无法在社会上立足。

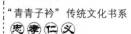

二 孟子议"诚信"

【原文选读】

　　孟子曰："居下位而不获^①于上，民不可得而治也；获于上有道：不信于友，弗获于上矣；信于友有道：事亲弗悦，弗信于友矣；悦亲有道：反身不诚，不悦于亲矣；诚^②身有道：不明乎善，不诚其身矣。是故诚者，天之道也；思诚^③者，人之道也。至诚而不动^④者，未之有也；不诚，未有能动者也。"

（选自《孟子》）

注释：

　　①获：信任。

　　②诚：使……真诚。

　　③思诚：指追求真诚。

　　④动：使……感动。

【文意疏通】

　　孟子说："在下位的人，如果得不到在上位的人信任，就不可能治理好平民百姓。得到在上位的人信任有办法，得不到朋友的信任就得不到在上位的人信任；得到朋友的信任有办法，侍奉父母，不能够使父母高兴，就不能够得到朋友的信任；使父母高兴有办法，自己不真诚就不能够使父母高兴；使自己真诚有办法，不明白什么是善就不能够使自己真诚。所以，真诚是上天的原则，追求真诚是做人的原则。极端真诚而不能够使人感动的，是没有这样的；

不真诚是无法感动人的。"

【义理揭示】

孟子在"信"的学说有较大的发展，他通过层层推理，认为"信"是治民、交友、悦亲的最好方法。而"信"的源头在于"诚"，因而孟子把"诚"看作是"天"的本性和自然界的规律，并把它看成是最高的道德范畴和做人的诀窍。一个人如果没有"诚"，一切都无从谈起。孟子对"诚"和"信"的看法，为后世诚信观念的确立奠定了基础。

三　魏徵说"诚信"

【原文选读】

魏徵上疏曰：臣闻为国之基，必资于德礼，君之所保，惟在于诚信。诚信立则下无二心，德礼形则远人斯格①。然则德礼诚信，国之大纲，在于君臣父子，不可斯须②而废也。故孔子曰："君使臣以礼，臣事君以忠。"又曰："自古皆有死，民无信不立。"文子③曰："同言而信，信在言前；同令而行，诚在令外。"然而言而不信，言无信也；令而不从，令无诚也。不信之言，无诚之令，为上则败德，为下则危身，虽在颠沛之中，君子之所不为也。

（选自唐·吴兢《贞观政要·诚信》）

注释：

①**格：**来，至，此处意为信服，归顺。

139

②斯须：须臾，一会儿。

③文子：老子的弟子。

【文意疏通】

魏徵上疏说：臣听说国家的基础，在于道德和礼教；国君地位的保障，在于诚实信用。有了诚信，下级就不会产生二心。实行德政，边远的人民也会来归顺。由此可见，品德、礼仪、诚信是国家的纲领，贯穿在君臣、父子关系中，一刻也不能偏废。所以孔子说："君王以礼对待臣子，臣子以忠心侍奉君王。"还说："一个人终有一死，人没有诚信就无法在社会上立足。"文子说："说一样的话就是诚信，诚信在说话之前；按一样的命令行事，诚信在命令之外。"说了却不做，是言而无信；接受了命令却不执行，说明命令是没有诚信的。不讲诚信的话，没有诚信的命令，对于上级来说是败坏品德，对于下级来说，就会危及生命，即使在颠沛流离的时候，讲究道德的人也是不做的。

【义理揭示】

魏徵在着力强调以德治国的同时，也提升了诚信在治国中的作用，将诚信与德礼并举，强调"德礼""诚信"同为治国之纲要，不论是为父为子，抑或为君为臣，都不能废弃它。这些观点都体现了魏徵作为一个经验丰富的政治家对政治诚信的独到认识。

四 曾子杀猪明不欺

【原文选读】

曾子①之妻之市，其子随之而泣。其母曰："女②还，顾反③为女杀彘④。"妻适⑤市来，曾子欲捕彘杀之。妻止之曰："特与婴儿戏耳。"曾子曰："婴儿非与戏也。婴儿非有智也，待父母而学者也，听父母之教。今子欺之，是教子欺也。母欺子，子而不信其母，非所以成教⑥也。"遂烹彘也。

（选自《韩非子》）

注释：

①曾子：孔子的学生曾参。

②女：通"汝"，你。

③顾反：等会儿回来。反，通"返"。

④彘（zhì）：猪。

⑤适：往，到。

⑥成教：教育有效果。

【文意疏通】

曾子的妻子到市场上去，她的儿子一边跟着一边哭。孩子母亲说："你先回去，等会儿我回来给你杀猪吃。"妻子到市场上返回来，曾子要捉猪杀掉它。妻子阻止他说："我只不过跟孩子说着玩罢了。"曾子说："不能和小孩子开玩笑。孩子还不懂事，他看着父母的举动来向他们学习，并且听从父母的教导。今天你欺骗他，这是教孩子欺骗。母亲欺骗孩子，孩子就不会相信他母亲了，这不是

好的教育方法。"于是，就把猪杀了给儿子炖猪肉吃。

【义理揭示】

常言道，父母是孩子的第一任老师。曾子批评他妻子的"母欺子，子而不信其母，非所以成教也"的话切中肯綮，很值得我们每一位读者思考"诚信"在家庭教育中的重要地位。榜样的力量是无穷的，曾子的言行一致、诚实做人是值得肯定的，他启示我们做父母的要为孩子树立诚信的榜样。

五 商鞅变法立木信

【原文选读】

（商鞅变法之）令①既具②，未布，恐民之不信己，乃立三丈之木于国都市南门，募③民有能徙置北门者，予十金。民怪之，莫敢徙。复曰："能徙者予五十金。"有一人徙之，辄予五十金，以明不欺。卒下令。

令行于民期年④，秦民之国都言初令之不便者以千数。于是太子犯法。卫鞅曰："法之不行自上犯之，将法太子。太子，嗣⑤君也，不可施刑。刑其傅公子虔，黥⑥其师公孙贾。"明日，秦人皆趋令。

（选自西汉·司马迁《史记·商君列传》）

注释：

①令：指变法的命令。

②具：准备。

③募：广泛征求。

④期（jī）年：一周年。

⑤嗣：继承人。

⑥黥（qíng）：古代在人脸上刺字并涂墨之刑。

【文意疏通】

秦国任用商鞅变法。商鞅变法的条令已准备就绪，还没公布，担心百姓不相信自己，于是命人在都城市场南门前放置一根高三丈的木头，招募能搬到北门的人，给予十金的奖赏。百姓看到后对此感到奇怪，没有人敢去搬木头。商鞅又说："能搬木头的人赏五十金。"有一个人搬了木头，就给了他五十金，以此来表明没有欺骗百姓。最终颁布了变法令。

变法令颁布了一年，秦国百姓前往国都控诉新法使民不便的数以千计。这时太子也触犯了法律，商鞅说："新法不能顺利施行，就在于上层人士带头违犯，于是决定处罚太子。太子是国君的继承人，不能施以刑罚。那就对太子的师傅公子虔施以刑罚，并判处太子的老师公孙贾在脸上刺字的黥刑。"第二天，秦国人听说此事，都遵从了法令。

【义理揭示】

商鞅在实施新法令之前，立木于南门，承诺奖励徙木之民，以此方式取信于民；新法实行后，太子犯法，刑不避其师，其执法之严，为法律树立了威信。这两件事说明了信用是国家的重要法宝，懂得并善于治国的臣子必定会得到民众的信任。

六 军无戏言斩王姬

【原文选读】

孙子武者，齐人也。以兵法见于吴王阖庐。阖庐曰："子之十三篇，吾尽观之矣，可以小试勒①兵乎?"对曰："可。"阖庐曰："可试以妇人乎?"曰："可。"于是许之，出宫中美女，得百八十人。孙子分为二队，以王之宠姬二人各为队长，皆令持戟。令之曰："汝知而②心与左右手背乎?"妇人曰："知之。"孙子曰："前，则视心；左，视左手；右，视右手；后，即视背。"妇人曰："诺。"约束③既布，乃设铁钺④，即三令五申之。于是鼓之右，妇人大笑。孙子曰："约束不明，申令不熟，将之罪也。"复三令五申而鼓之左，妇人复大笑。孙子曰："约束不明，申令不熟，将之罪也；既已明而不如法者，吏士之罪也。"乃欲斩左右队长。吴王从台上观，见且斩爱姬，大骇。趣⑤使使下令曰："寡人已知将军能用兵矣。寡人非此二姬，食不甘味，愿勿斩也。"孙子曰："臣既已受命为将，将在军，君命有所不受。"遂斩队长二人以徇⑥。用其次为队长，于是复鼓之。妇人左右前后跪起皆中规矩绳墨⑦，无敢出声。

（选自西汉·司马迁《史记·孙子吴起列传》）

注释：

　①勒：统率。

　②而：你们的。

③约束：作名词，规定，规约。

④铁（fū）钺（yuè）：斫刀和大斧。腰斩、砍头的刑具。

⑤趣：急忙，赶快。

⑥徇（xùn）：示众。

⑦绳墨：比喻规矩或法度。

【文意疏通】

　　孙子字武，是齐国人。他以所著兵法求见于吴王阖庐。阖庐说："您的十三篇我已全部拜读，可以试着为我操演一番吗？"孙子说："可以。"阖庐问："可用妇女来操演吗？"孙子说："可以。"于是答应孙子，选出宫中美女，共计 180 人。孙子把她们分为两队，派王的宠姬二人担任两队的队长，让她们全部持戟。命令她们说："你们知道你们的心口、左手、右手和背的方向吗？"妇女们说："知道。"孙子说："前方是按心口所向，左方是按左手所向，右方是按右手所向，后方是按背所向。"妇女们说："是。"规定宣布清楚，便陈设斧钺，当场重复了多遍。然后用鼓声指挥她们向右，妇女们大笑。孙子说："规定不明，申说不够，这是将领的过错。"又重复了多遍，用鼓声指挥她们向左，妇女们又大笑。孙子说："规定不明，申说不够，是将领的过错；已经讲清而仍不按规定来动作，就是队长的过错了。"说着就要将左右两队的队长斩首。吴王在台上观看，见爱姬将要被斩，大惊失色。急忙派使者下令说："寡人已知道将军善于用兵了。但寡人如若没有这两个爱姬，吃饭也不香甜，请不要斩首。"孙子说："臣下既已受命为将，将在军中，国君的命令有的可以不接受。"于是将队长二人斩首示众。用地位在她们之下的人担任队长，再次用鼓声指挥她们操练。妇女

们向左、向右、向前、向后、跪下、起立，全都合乎要求，没有一个人敢出声。

【义理揭示】

守信，一般是指说出的话必须兑现，在治军上则体现为"令必行"。孙武"斩队长二人以徇"的行为，既体现了严明的军纪，也展现了言出必行的行事准则，于是众人"皆中规矩绳墨，无敢出声"，吴王也信服了他的用兵之道，拜其为将，最终西破强楚，北威齐晋，显名诸侯。

七 季札挂剑不欺心

【原文选读】

延陵季子①将西聘②晋，带宝剑以过徐君③。徐君观剑，不言而色欲之。延陵季子为有上国④之使，未献也，然其心许之矣，致⑤使于晋，故反⑥，则徐君死于楚，于是脱剑致之嗣君⑦。从者止之曰："此吴国之宝，非所以赠也。"延陵季子曰："吾非赠之也，先日吾来，徐君观吾剑，不言而其色欲之；吾为有上国之使，未献也。虽然，吾心许之矣。今死而不进，是欺心也。爱剑伪⑧心，廉者⑨不为也。"遂脱剑致之嗣君。嗣君曰："先君无命，孤不敢受剑。"于是季子以剑带⑩徐君墓树而去。徐人嘉而歌之曰："延陵季子兮不忘故，脱千金之剑兮带丘墓。"

（选自西汉·刘向《新序·杂事》）

注释：

①延陵季子：季札（zhá），春秋时期吴国人，因封地延陵而得名延陵季子。

②聘：访问，指古代诸侯之间或诸侯与天子之间派使节问候。

③徐君：徐国国君。徐国在今安徽泗县北。

④上国：指春秋时中原诸侯国。另一说指大国。

⑤致：达到。

⑥反：返。

⑦嗣（sì）君：此指徐国继位的君主。

⑧伪：欺。

⑨廉者：方正、刚正的人。

⑩带：挂。

【文意疏通】

　　延陵季子奉命向西出使晋国，佩带宝剑拜访了徐国国君。徐国国君观赏季子的宝剑，嘴上没有说什么，但脸色透露出想要宝剑的意思。延陵季子因为有出使上国的任务，就没有把宝剑献给徐国国君，但是他心里已经答应给对方了。季子在晋国完成了出使任务，返还，可是徐国国君却已经死在楚国。于是，季子解下宝剑送给继位的徐国国君。随从人员阻止他说："这是吴国的宝物，不是用来作赠礼的。"延陵季子说："我不是送给他的。前些日子我经过这里，徐国国君观赏我的宝剑，嘴上没有说什么，但是他的脸色透露出想要这把宝剑的表情；我因为有出使上国的任务，就没有献给他。虽是这样，在我心里已经答应给他了。如今他死了，就不再把宝剑进献给他，这是欺骗我自己的良心。因为爱惜宝剑就使自己的良心虚伪，方正、刚正的人是不会这样的。"于是解下宝剑送给了

继位的徐国国君。继位的徐国国君说："先君没有留下遗命，我不敢接受宝剑。"于是，季子把宝剑挂在了徐国国君坟墓边的树上就走了。徐国人赞美延陵季子，歌唱他说："延陵季子不忘先前的承诺，把贵重的宝剑放在了丘墓上。"

【义理揭示】

君子一诺值千金。季子诚信品质之所以可贵在于他"心许之"便绝不可"欺心"和"伪心"，这才是真正的"廉者"。难怪晚生季子20年的孔子想拜他为师，但当孔子找到他时，他已经死了，孔子非常伤心，慨然为季子写下了著名的十字碑文："呜呼有吴延陵君子之墓。"季子内心深处的一次暗许，促成了他用自己的真心兑现曾经的诺言，也成就了一位伟岸的君子形象。

八 范式与友言有信

【原文选读】

范式，字巨卿……少游太学，为诸生①，与汝南张劭为友。劭字元伯。二人并②告归乡里。式谓元伯曰："后二年当还，将过拜尊亲③，见孺子④焉。"乃共克⑤期日。后期方至，元伯具以白母，请设馔以候之。母曰："二年之别，千里结言，尔何相信之审⑥邪？"对曰："巨卿信士，必不乖违⑦。"母曰："若然，当为尔酝酒。"至其日，巨卿果到，升堂拜饮，尽欢而别。

（选自南朝宋·范晔《后汉书·范式传》）

注释:

①诸生:本指许多儒生,此指太学里的学生。

②并:同。

③尊亲:指张劭的父母亲。

④孺子:小孩子。此指张劭的儿女。

⑤克:约定。

⑥审:认真。

⑦乖违:违背。

【文意疏通】

范式,字巨卿,年轻时在太学里游学,成为太学里的学生,跟汝南的张劭是朋友。张劭字元伯。两人同时告假回故乡。范式对元伯说:"两年后我要回来,将经过你家拜见你的父母亲,并看看你的子女。"于是共同约定日期。等约定的日期将到,元伯把情况一一告诉母亲,请母亲准备菜肴来等候巨卿。母亲说:"分别已两年,千里之外答应的话,你为什么还那么认真呢?"元伯回答说:"巨卿是个守信用的人,必定不会违约。"母亲说:"真是这样的话,一定要给你们酿酒。"到那天,巨卿果然来到,登堂拜见元伯父母并一起饮酒,尽情而别。

【义理揭示】

孔子说:"与朋友交,言而有信。"范式"千里结言""二年之别"而不失诚信,的确是个守信用的人。诚信是一种品质,是一份珍宝。然而,张劭如此相信自己的好友,何尝不是一种更宝贵的信念?范式和张劭的生死之交、信义之风,值得后世敬仰和推崇。

九 夫妻守约镜重圆

【原文选读】

（南朝）陈太子舍人徐德言之妻……乐昌公主才色冠绝，时陈政方乱，德言知不相保……乃破一镜，人执其半，约曰他日必以正月望日①卖于都市，我当在即以是日访之。及陈亡，其妻果入越公杨素②之家……德言……以正月望日访于都市，有苍头③卖半镜……出半镜以合之，仍题诗曰："镜与人俱去，镜归人不归。无复嫦娥影，空留明月辉。"陈氏得诗，涕泣不食。素知之，怆然改容，即召德言，还其妻，仍厚遗之。

（选自唐·孟棨《本事诗·情感》）

注释：

①望日：十五日。

②杨素：隋文帝杨坚时任御史大夫，灭陈后，晋爵为越国公，任内史令。

③苍头：仆人。

【文意疏通】

徐德言是陈国的皇帝陈叔宝的侍从官，他娶了皇帝的妹妹乐昌公主为妻，两人非常恩爱。但当时陈国朝政腐败，徐德言预料到，总有一天国家会遭受灭亡之祸，因此非常忧虑。于是徐德言取来一面圆形的铜镜，把它一破为二，一半自己留下，一半交给妻子，告诉她好好保存，并约定，如果离散后就在每年正月十五日那天，托人将这半面镜子送到京城市场上去叫卖，期待两人能重新再相聚。不久，已经统一中国北方的隋文帝杨坚果然发兵攻打陈国，陈国被

消灭。隋文帝奖赏攻打陈国有功的人，被俘获的乐昌公主则被赏给大臣杨素为妾。流亡的徐德言打听到妻子已到了隋的京都大兴（今陕西西安），便长途跋涉赶到那里，打听妻子的具体下落。徐德言赶到热闹的市场，看见一个仆人卖半面铜镜，自己的另一半与仆人的那一半正好合成了一面完整的镜子，于是他写了一首诗，交给仆人带回。诗写道："镜与人俱去，镜归人未归。无复嫦娥影，空留明月辉。"乐昌公主见到丈夫保存的半面铜镜和诗后，终日哭泣，茶饭不思。杨素知道实情后，把徐德言叫来，让他把乐昌公主带回自己的故乡去，夫妻终于重新团聚，终老于江南故土。

【义理揭示】

约定时间、地点，通过半面铜镜寻找失散的亲人，竟获成功。这个奇迹的出现，是因为两人都践行诺言，诚信守约。当然，夫妻间感情深厚并能互相信任，也是成就"破镜重圆"这一美好结局的另一个重要因素。徐德言和乐昌公主缠绵悱恻的爱情故事让人动容，不过，杨素又何尝不让人敬佩？所谓君子有成人之美，故事中的杨素便是最为典型的一例。

✚ 建昌郡人贾无欺

【原文选读】

南公①所书皆建昌②南城人。

曰陈策，尝买骡，得不可被鞍者，不忍移之他人，命养于野庐，俟其自毙。其子与猾驵③计，因经过官人丧马，即磨破骡背，以衒贾之。既售矣，策闻，自追及，告以不堪。官人疑策爱也，秘之。策请试以鞍，亢亢④终日不得被，始谢还焉。

有人从策买银器若罗绮者，策不与罗绮。其人曰："向见君帑⑤有之，今何靳⑥？"策曰："然，有质钱而没⑦者，岁月已久，丝力糜脆不任用，闻公欲以嫁女，安可以此物病公哉！"取所当与银器投炽炭中，曰："吾恐受质人或得银之非真者，故为公验之。"

曰危整者，买鲍鱼，其驵舞秤权阴厚整。鱼人去，身留整傍，请曰："公买止五斤，已为公密倍入之，愿畀⑧我酒。"整大惊，追鱼人数里返之，酬以直。又饮驵醇酒，曰："汝所欲酒而已，何欺寒人为？"

曰曾叔卿者，买陶器欲转易于北方，而不果行。有人从之并售者，叔卿与之，已纳价，犹问曰："今以是何之？"其人对："欲效公前谋耳。"叔卿曰："不可，吾缘北方新有灾荒，是故不以行，今岂宜不告以误君乎？"遂不复售。而叔卿家苦贫，妻子饥寒不恤也。

（选自宋·洪迈《容斋随笔》）

注释：

①南公：即吕南公，北宋学者。

②建昌：郡名，今江西南昌一带。

③驵（zǎng）：市场经纪人。

④亢亢：指骡子的脊骨高。

⑤帑（tǎng）：库房。

⑥靳（jìn）：吝啬。

⑦没：通"殁"，死。

⑧畀（bì）：给予。

【文意疏通】

吕南公有一篇文章所写的都是建昌南城人。

有一个人叫陈策，曾经买骡子，买到一头不能加鞍使用的，不忍心把它转卖给别人，让人在野外的草房里养着，等着它自己死掉。陈策的儿子与狡猾的经纪人商量，趁着经过这里的官人死了马，就磨破了骡子脊背，来炫耀这骡子能驮东西而卖它。骡子已经卖出去了，陈策听说了，亲自去追上了那个官人，把骡子不能加鞍使用的事告诉他，那个官人怀疑陈策舍不得卖这个骡子，就把骡子关起来，不让陈策看见。陈策请求用鞍子试一试，骡子的脊骨高高的，一整天都不能加上鞍子，官人这才感谢陈策并退回了骡子。

有一个人到陈策这里来买银器和罗绮，陈策不给他罗绮，那个人说："先前还看见你的库房里有罗绮，现在为什么吝啬不卖呢?"陈策说："是这样，有个人拿罗绮抵押借钱后死了，这罗绮放置的时间很久了，丝力碎脆不耐用，听说您想用罗绮作女儿的陪嫁，怎么能够用这种东西使您忧虑呢!"陈策拿来应当给他的银器，放进很旺的炭火中，他说："我恐怕抵押这个东西的人或许得到的不是真的银器，所以为您验一验它。"

有一个叫危整的，他买鲍鱼，那个市场经纪人玩弄称锤，暗中多给危整称鲍鱼。卖鲍鱼的人离开，他自己留在危整身边，请求说："您买的仅是五斤，我已经为您秘密地加倍称进了鲍鱼，愿您给我买酒吃。"危整一听很吃惊，追赶卖鲍鱼的人好几里地，让他回来，把多得的鲍鱼的钱付给了他。危整又请那个市场经纪人喝好酒，说："你只是想要点酒罢了，为什么要欺骗贫困的人呢?"

有一个叫曾叔卿的，他买了一批陶器，想要转运北方交换物

品，可是没有成行。有人到曾叔卿那里要求把陶器一并卖给他，曾叔卿把陶器交给他，已经收了钱，仍然问道："现在把这些东西运到哪里去呢？"那个人说："我想要效仿您先前的打算。"曾叔卿说："不行，因为北方刚发生灾荒，因此我不用这些陶器前去交换物品，现在难道不应该告知您，以致使您受害吗？"于是不再卖陶器给那个人。其实，曾叔卿家里很贫苦，妻子女儿受饥寒，他也不考虑了。

【义理揭示】

陈策追回儿子已经卖出去的病骡、不用丝力碎脆的罗绮卖给别人做嫁妆，危整将市场经纪人通过不正当手段多给的鲍鱼的钱退还卖鱼的人，曾叔卿告诉买他陶器的人实情使其不受害，体现的都是建昌郡人不贪小利、诚信无欺的品质。这种诚信的商业精神值得现代人学习。

十一　失信于人害人己

【原文选读】

济阴①之贾人②，渡河而亡其舟，栖于浮苴③之上，号焉。有渔者以舟往救之，未至，贾人急号曰："我济上之巨室④也，能救我，予尔百金！"渔者载而升诸陆，则予十金。渔者曰："向许⑤百金，而今予十金，无乃不可乎⑥！"贾人勃然⑦作色曰："若，渔者也，一日之获几何？而骤得十金，犹为不足乎？"渔者黯然而退。他日，贾人浮吕梁而下，舟薄⑧于石又覆，而渔者在焉。人曰："盍⑨救

诸⑩？"渔者曰："是许金而不酬者也！"舣而观之，遂没。

（选自明·刘基《郁离子》）

注释：

①济阴：济水南面。

②贾人：商人。

③浮苴（jū）：水中浮草。

④巨室：世家大族。

⑤向许：刚才答应。

⑥无乃不可乎：恐怕不行吧。

⑦勃然：发怒的样子。

⑧薄：冲撞、触击。

⑨盍：何不。

⑩诸：他。

【文意疏通】

从前，济水的南面有个商人，渡河时从船上落下了水，停留在水中的浮草上，在那里求救。有一个渔夫用船去救他，还没有靠近，商人就急忙嚎叫道："我是济水一带的大富翁，你如果能救了我，我给你一百两金子。"渔夫把他救上岸后，商人却只给了他十两金子。渔夫说："当初你答应给我一百两金子，可现在只给十两，这岂不是不讲信用？"商人勃然大怒道："你一个打鱼的，一天的收入能有多少？你突然间得到十两金子还不满足吗？"渔夫失望地走了。后来有一天，这商人乘船顺吕梁湖而下，船触礁沉没，他再一次落水。正好原先救过他的那个渔夫也在那里。有人问渔夫："你为什么不去救他呢？"渔夫说："他就是那个答应给我一百两金子而不兑现承诺的人。"渔夫撑船上岸，远远地观看那位商人在水中挣扎，商人很快就沉入水底淹死了。

【义理揭示】

"济阴之贾人"两次渡河而亡其舟，前一次有渔者"往救之"，而后一次渔者却"蒨而观之"，原因在于贾人"许金而不酬"。渔者后一次的见死不救的确有失仁德，但贾人其实是葬送于自己的言而无信。俗话说，"承诺是金"，这句话一点都不假，人一旦失去了诚信，就等于毁灭了自己。

文化倾听

诚信是人类古老的道德准则，也是中华民族极为推崇的一种人格境界和核心价值观。它关乎个人道德修养的锤炼，关乎社会道德规范的形成，同时也重视整体利益的追求。它陶冶着中国历史上一代代的志士仁人，并推动着中华民族和人类社会不断走向文明。

最初，"诚"和"信"二者的意思是有关联的，具有相通性。诚，汉代许慎的《说文解字》解释为："诚，信也。从言成声。"信，《说文解字》解释为："信，诚也。从人从言。"可见，"诚"即"信"，"信"即是"诚"。首先，二者都从言，都强调外在的语言表达在为人品质中的表现；其次，说出的话与内在的想法、内心的动机要相互一致，所谓"言为心声"，如此方能称为诚信。由此看来，"诚"和"信"的核心和本质相同。

诚信是"诚"与"信"的统一，但二者又不同。"诚"侧重于为人内在的真实，强调的是表里的一致性，其反义词是虚伪。所以，"诚"常和"心""意"等表示内心世界的词语结合使用，如"忠诚""诚恳""心诚则灵""心虔志诚""心悦诚服""诚心诚意"等。"信"侧重于人的内在诚心的外显，体现为个体在修炼自己内在的诚信、诚实等品质的同时，也遵守社会道德，并身体力行影响着周围的人。由此看来，"信"更多的是从人与他人、人与社会的角度提出的道德要求。"诚"重在表达内心的真实，是表里如一的一种美德；"信"重在外显的语言真实，是言行如一的一种品质。二者相互联系，互为表里。"诚"是"信"的基础和来源，"信"是"诚"的外显和表现。从一个人的做人准则来说，"诚"与"信"涵盖了由内到外的两个方面，共同形成为人的诚信品质。不欺自己曰诚，不欺他人曰信，或曰"内诚于心，外信于人"。"诚"表现在为人内在的品行、品德、品质、品性之中，"信"则表现为个人对社会的责任和义务，具有担当的意识和品质。

综观历代对"诚信"的论述，其含义包括三个方面。第一是诚实。指人们对自己内心所持信仰的遵从，是人的一种主观意识和主观意愿，如以上所选"曾子杀猪明不欺""商鞅变法立木信"等故事就属于这一类。第二是信任。它具有双向性，既可以指人的自我信任感和自信感，更多的时候是指信任他人或被人信任；是在对他人的诚心、诚行的主观认识与判断基础上，进一步对其真实性的认可与肯定，如以上所选"范式与友言有信""夫妻守约镜重圆"的故事就属于这一类。第三是守信。首先表现在能够履行对他人的承诺，"与朋友交，言而有信"说的就是这个意思；当然，也可以是一种自我承诺，属于对自我价值的判断，如以上所选"季札挂剑不欺心""失信于人害人己"便属于这一类。

中国先秦思想家对"诚"与"信"有较多论述，确立了诚信对于立人、立业、立国的重要性，后经历代思想家的不断发展、提升，诚信之德在中华传统道德规范体系中的特殊地位得以确立。综合分析诚信的文化内涵，主要体现在以下几个方面：

诚信是为人安身立命的道德根基和人与人交往的基本规范。

"信"是孔子众多德目中的重要一目，是"五常"之一，在我国传统道德中被视为"立人之道"。它要求人们真实无妄，言行一致，诚实不欺，故古人特别讲究诚信。孔子认为"信则人任焉"，提倡"与朋友交，言而有信"。他说："人而无信，不知其可也。"在他看来，如果一个人没有诚信，不能与他人进行正常交往，就在社会中失去了立足之地。可见"信"是为人的根本。

诚信不仅是个人的立身之本，也是人与人交往的基本规范。孔子认为，不讲信用的人是小人，是不能与他们交往的，"狂而不直，侗而不愿，悾悾而不信，吾不知之也"。在日常生活中，在人与人的交往过程中，必须讲诚信，否则社会就不会安宁，人类就不会和谐。

首先，诚信是中国历代统治者治国安邦的重要法宝。

诚信不仅是个人道德修养、与人交往的基本要求，也是为政者、国家管理者取信于民的前提。"道千乘之国，敬事而信，节用而爱人，使民以时。""君子信而后劳其民；未信，则以为厉己也。""上好信，则民莫敢不用情。"《论语》中的这些话，既强调了诚信之德于君主治国的重要性，也说明用诚信来治理社会、管理国家，就一定能够取得成功。

其次，诚信是中华民族从事商业活动的基本道德规范。

尽管中国古代有重农抑商的传统，但也注意到了诚信在商业活动中的重要价值。《管子·乘马》中说，"非诚贾，不得食于贾；非诚工，不得食于工"，强调了诚信在工商业中的重要性。司马迁在《史记·货殖列传》中为商人立传，颂扬以子贡、范蠡等为代表的诚贾廉商恪守商德的商业伦理精神。明清时期，商品经济萌芽，各地商帮兴起，以徽商和晋商为代表的商人在长期经营中形成了笃信"诚""信""义""仁"的商业道德，传承了中国古代商业道德精华，纵横商界数百年，为后人留下了宝贵的精神财富。上面所选"建昌郡人贾无欺"的故事，体现的即是建昌郡商人诚实无欺的商业道德。

最后，诚信也是与世界文明交会的道德观念。

中华民族的诚信思想源远流长，已成为我们民族文化的重要组成部分。同时，诚信也是世界文明的组成部分。在西方文化圣典《圣经》中，关于"信"的思想就表现在"守诺、忠诚、信任"。汉末传入中国的佛教中有各种戒律，其中第四条规定"不妄语"，就是告诫人们要诚信，说话要负责，要守信用。由此看来，佛教所言之"信"与儒家倡导的"信"有相通之处。在世界文明史上，许多思想家也都对"信"进行了阐述。

文化传递

这是一个平凡却又震撼人心的故事。这是由一个家庭的全体成员共同写下的传奇，更是一个城市的骄傲，它再次向我们显示出了诚信的魅力、道德的力量。面对死者和伤者，这个家庭的主人张凤毕毅然作出了自己的选择：他们变卖了家里所有值钱的东西，甚至卖掉了房子。

有谁见过上千人拿着工具，自发地爬上荒山帮助一个家庭种树的场面？有谁见过一个老农民因病去世，上千人站在道路旁边含泪相送……

时间定格在 1996 年。那年八月的一天，张福正在驾驶出租车时发生了一起车祸，造成对方三死一伤，自己也受伤住院。法院很快作出判决，张福正承担全部责任，判处有期徒刑两年，一次性赔偿受害者家属 12.9 万元。

法官宣判之后询问双方的意见，这时，站在张福正身后的父亲张凤毕缓缓地从座位上站起来，平缓而坚定地说："我们赔 13 万。"主审法官从未见过这样的情景，受害方露出惊讶的表情。张凤毕说："站在受害方考虑，赔多少钱也挽回不了三条生命，也弥补不了给对方造成的心灵上的创伤，我们只能尽最大的努力去赔偿。"面对死者和伤者，这个家庭的主人张凤毕毅然作出了自己的选择：咬牙卖掉了家中的三间大瓦房，卖掉了彩电、冰箱、自行车，除锅碗瓢盆，把能卖的全卖了，卖了 5 万多元。靠着平时的诚实守信，张凤毕又向远亲近邻借到了钱。在到期日的前一天，张凤毕将 13 万元交到了法院。

怎么养家，怎么还债？张凤毕选择的出路是种植、养殖。当年，张凤毕一狠心，承包了紧挨着自家果园的 50 亩荒山，在山上搭建起当地最简易的土房。由于不得法，又缺少种植技术的指导，第一年，张凤毕栽下的几百株苹果树苗，便一天天枯了、死了。第二年，他又尝试种桃树、李树，可无论怎么浇水、施肥，这些树还是慢慢枯萎了。第三年，他又尝试种梨树，一棵棵小小的梨树苗终于吐出了翠绿的新芽，张凤毕那张黝黑粗糙的脸露出了久违的笑容。没有水，张凤毕一家一锹一镐地挖了两口井，还挖了一个积水的大坑。但好景不长，由于干旱，井里没有水，坑里存下的水也很快漏走了。张凤毕和家人就从二里外的山下挑水浇树。整整 9 年，张凤毕带领全家挖坑栽树，到他去世前的 2005 年，400 多棵梨树郁树成林，当地干部群众称之为"诚信林"。

2005 年，57 岁的张凤毕被检查出患有癌症。临终前，他拉过大儿子张福正的手，在他的手心里一笔一画地写下"债要还清、树要成林、人要成才"12 个字遗嘱。张凤毕没有给 3 个孩子和妻子留下什么物质财富，反倒是一笔巨额债务。但是 3 个儿女感谢父亲给他们留下了一笔宝贵的精神财富，那就是：诚实、守信、坚强。

张凤毕全家的事迹经营口市电视台报道后，在当地引起强烈反响，人们纷纷捐款捐物帮助张家。有的人甚至背着行李不远千里来到迷镇山张凤毕家里帮助栽树……于是，出现了本文开篇所描述的那一幕。

在父亲安葬的那天，张福正给前来送葬的亲友们下跪，当众承诺，债务全部由他承担：张家人绝不赖账。在沉重的债务面前，一家人不低头，不懈怠，不放弃。张福正带头四处打工，起早贪黑，拼命挣钱。近几年开出租车时，捡到过许多手机、钱包等财物，但他都主动交给了失主。

曾经的荒山，立起了一片林子，树上已是果实累累。而张凤毕的其他孩子们也并未因为家庭的不测而颓丧、潦倒、堕落，相反，他们像父亲所希望的那样考上了大学，并顺利地走上了工作岗位；即便是那个犯下交通肇事的儿子张福正，也在经受了一场洗礼后重获新生，而且收获了珍贵的爱情。

当"诚信"二字被怀疑的时候，当许多人已经忘记了道德底线的时候，张凤毕却用自己的后半生，用孩子们的童年和成长，诠释了什么叫做财富，什么叫做幸福。正像他的儿子所说的那样："虽然父亲没留下什么物质上的财产，相反还有许多没有还清的债务，但是我却觉得父亲给自己留下了一笔取之不尽、用之不竭的精神财富。"

18 年过去了，大儿子张福正、二儿子张福帅、小女儿张雪牢记父亲的嘱托，低调做人，躬身还债，赢得了"诚信一家人"的美誉。

文化感悟

1. 古代典籍中，先秦儒、墨、道、法等流派对于诚信都非常重视并有所阐发，请从老子、墨子、韩非子三位思想家中选一人，收集相关的诚信言论，并理解其含义。

2. 查找《说文解字》和《汉语大辞典》中对于"诚"与"信"的解释，探究二者概念的内涵和实质，从文字的角度比较两者的联系与区别。

3. 在经济和社会极大发展的 21 世纪，我们面临着前所未有的"诚信危机"：行业信用危机、企业信用危机、官员信用危机……你认为克服诚信危机、重建诚信，自律重要还是法律约束重要？

第六章　谦和好礼

一　孔子论"礼"

【原文选读】

子张问："十世^①可知也?"子曰:"殷因于夏礼^②,所损益^③可知也;周因于殷礼,所损益可知也;其或继周者,虽百世可知也。"

(《论语·为政》)

子曰:"生,事之^④以礼;死,葬之以礼,祭之以礼。"

(《论语·为政》)

子曰:"能以礼让为国乎?何有^⑤!不能以礼让为国,如礼何^⑥!"

(《论语·里仁》)

子曰:"恭而无礼则劳^⑦,慎而无礼则葸^⑧,勇而无礼则乱,直而无礼则绞^⑨。君子笃^⑩于亲,则民兴于仁;故旧不遗,则民不偷^⑪。"

(《论语·泰伯》)

子曰："非礼勿视，非礼勿听，非礼勿言，非礼勿动。"

（《论语·颜渊》）

子曰："君子博学于文，约之以礼，亦可以弗畔⑫矣夫?"

（《论语·雍也》）

注释：

①世：古时称 30 年为一世。也有的把"世"解释为朝代。

②殷因于夏礼：商朝继承夏朝的礼仪制度。殷，殷朝，又叫商朝。因，因袭、沿用、继承。夏，夏朝。

③损益：减少和增加，即优化、变动之义。

④之：这里指父母双亲。

⑤何有：全意为"何难之有"，即不难的意思。

⑥如礼何：把礼怎么办。

⑦劳：辛劳，劳苦。

⑧葸（xǐ）：拘谨，畏惧。

⑨绞：说话尖刻，出口伤人。

⑩笃：忠实。

⑪偷：淡薄。

⑫畔：通"叛"，指离经叛道。

【文意疏通】

　　子张问孔子："今后十代的礼仪制度可以知道吗?"孔子回答说："商朝继承夏朝的礼仪制度，所废除的和所增加的内容是可以知道的。周朝又继承商朝的礼仪制度，所废除的和所增加的内容也是可以知道的。那继承周朝的某个朝代，即使在一百代以后，它的礼仪制度也是可以依此类推而知道的。"

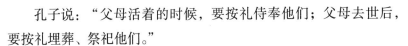

孔子说："父母活着的时候，要按礼侍奉他们；父母去世后，要按礼埋葬、祭祀他们。"

孔子说："能够用礼让原则来治理国家吗？这有什么困难的。不能用礼让原则来治理国家，又怎样来对待礼仪呢？"

孔子说："只是恭敬而不以礼来指导，就会徒劳无功；只是谨慎而不以礼来指导，就会畏缩拘谨；只是勇猛而不以礼来指导，就会违法作乱；只是心直口快而不以礼来指导，就会说话尖刻。君子如果能厚待自己的亲属，老百姓当中就会兴起仁的风气；君子如果不遗弃老朋友，老百姓就不会对人冷漠无情了。"

孔子说："凡是不合礼节的事不要看，不合礼节的话不要听，不合礼节的话不要讲，不合礼节的事不要做。"

孔子说："君子广泛地学习文化知识，并且用礼来约束自己，也就可以不至于离经叛道了啊！"

【义理揭示】

在孔子思想中，礼占有十分重要的地位。在《论语》一书中，孔子多处讲到礼。孔子讲礼主要包含以下几层意思：一是指周朝的社会制度，如上面所选第一则；二是指生活中的礼仪礼节，如上面所选第二则；三表示为人有礼貌、恭敬、谦让等品质，如上面所选第三、第四两则；四是指人们应共同遵守的社会行为准则，如上面所选第五、第六两则。

二 孟子议"礼"

【原文选读】

辞让^①之心，礼之端也。 　　　　　　　（《孟子·公孙丑上》）

爱人不亲，反其仁^②；治人不治，反其智；礼人不答，反其敬。

（《孟子·离娄上》）

恭敬之心，礼也。 　　　　　　　　　　　（《孟子·告子上》）

无礼义，则上下乱。 　　　　　　　　　　（《孟子·尽心下》）

上无礼，下无学，贼民兴^③，丧无日矣。 　　（《孟子·离娄上》）

注释：

①辞让：谦逊推让。

②反其仁：指反过来检讨自己是否够仁爱。

③贼民兴：违法乱纪的人越来越多。

【文意疏通】

谦逊推让之心，是礼的开端。

爱别人，别人却不亲近自己，那就反过来检讨自己是否够仁爱；管理别人，却管理不好，那就反过来检讨自己是否够明智；对别人有礼，别人却不回应，那就反过来检讨自己是否够恭敬。

对别人恭敬、尊重，是礼的表现。

没有礼义，上下等级关系就会混乱。

如果在上位的人没有礼义，在下位的人不受教育，违法乱纪的人越来越多，国家的灭亡也就快了。

【义理揭示】

孟子认为，礼主要是辞让之心和恭敬之心。君子要有礼心，礼是为人自觉的内在修养，是成为君子的标准。恭敬之心与辞让之心是一致的，是同一事物的不同表现，前者表现为心理状态，后者则表现为行为举止。因为"礼"的表现就是"敬"，所以孟子强调"仁者爱人，有礼者，敬人"。

三 董仲舒说"礼"

【原文选读】

礼者，继天地，体阴阳①，而慎②主客，序尊卑、贵贱、大小之位，而差③外内、远近、新故之级者也。　　（《春秋繁露·奉本》）

故君子非礼而不言，非礼而不动；好色而无礼则流④，饮食而无礼则争⑤，流争则乱。夫礼，体情而防乱者也。民之情不能制其欲，使之度⑥礼，目视正色⑦，耳听正声，口食正味，身行正道，非夺之情也，所以安其情也。　　（《春秋繁露·天道施》）

注释：

　①体阴阳：意为与阴阳同化。

　②慎：意为谨慎地分出。

　③差：区别。

　④流：流荡，放荡。

　⑤争：争端。

　⑥度：以……法则，以……为标准。

⑦目视正色：意为只看循礼的事物。

【文意疏通】

礼，是与天地齐等，与阴阳同化，分出主体客体，为尊卑、贵贱、大小排序，差别内外、远近、新旧的。

所以君子不守礼的话不说，不尊礼的行为不做。喜好美色却不守礼就会变得下流，饮食起居不遵礼守礼就会起争端，下流和争端会导致动乱。所以，礼是体察人情、防止动乱的行为准绳。民众生而有情，不能控制其欲望，要用礼制衡，使其只看循礼的事物，只听尊礼的声音，只食守礼的食物，只做依礼的行为，这不是掠夺人生而有的情，而是安抚其生而有的情。

【义理揭示】

董仲舒继承了孔孟关于礼的学说。他一方面赋予礼以客观性和神圣性，指出礼与天地齐等，与阴阳同化，也就是说，先有天地阴阳，然后才有体现和仿效它的礼。另一方面，董仲舒完全继承了孔子"礼为人的行为准绳"的观点。

四 乐者中和之纲纪

【原文选读】

夫乐者乐也，人情之所不能免也。

乐必发于声音，形于动静，人之道①也。声音动静，性术②之变，尽于此矣。故人不能无乐，乐不能无形。形而不为道，不能无

乱。先王耻其乱，故制《雅》《颂》之声以道③之，使其声足乐而不流，使其文足论而不息，使其曲、直、繁、瘠④、廉⑤、肉⑥、节奏足以感动人之善心而已矣，不使放心邪气得接焉，是先王立乐之方⑦也。

是故乐在宗庙之中，君臣上下同听之，则莫不和敬。在族长乡里之中，长幼同听之，则莫不和顺。在闺门⑧之内，父子兄弟同听之，则莫不和亲。故乐者，审⑨一⑩以定和，比物⑪以饰节，节奏合以成文，所以合和父子君臣，附亲万民也，是先王立乐之方也。

故听其《雅》《颂》之声，志意得广焉；执其干戚，习其俯仰诎信⑫，容貌得庄焉；行其缀兆⑬，要⑭其节奏，行列得正焉，进退得齐焉。

故乐者天地之命，中和之纪，人情之所不能免也。

（选自《礼记·乐记》）

注释：

①道：指情理。

②性术：内在的思想情感。

③道：引导。

④瘠：少，简单。

⑤廉：细小。

⑥肉：洪亮。

⑦方：原则。

⑧闺门：家门。

⑨审：确定。

⑩一：指五音的起点宫音。

⑪物：这里指乐器。

⑫诎信：通"屈伸"。

⑬缀兆：指古代乐舞中舞者的行列位置。

⑭要（yāo）：配合。

【文意疏通】

音乐，即是快乐的情感的抒发，是人情所不可避免的天生的情感的表露。

欢乐必然要借声音来表达，借动作来表现，这是人之常情。声音和动作将人们内心思想情感的变化全部表现无遗。所以，人不能没有欢乐，欢乐不能不表现出来，表现得不合规范，就不能不混乱。先前的君王憎恶邪乱，所以创制了《雅》和《颂》的乐歌来加以引导，使乐歌足以令人快乐而不放纵，使乐歌的文辞足以明晰而不隐晦，使乐歌的曲折、平直、繁杂、简洁、细微、洪亮和节奏足以激发人们的向善之心，不让放纵邪恶的念头来影响人心，这就是前代君主作乐的宗旨。

因此，在宗庙里演奏先王之乐，君臣上下一同聆听，没有谁不附和恭敬。在族长乡里演奏音乐，年长的和年幼的人一同聆听，没有谁不和谐顺从。在家门之内演奏音乐，父子兄弟一同聆听，没有谁不和睦亲近。所以，作乐要先确定基调宫音以协调众音，用各种乐器演奏以表现节奏，节奏和谐而形成整个乐章，用它来协调君臣父子的关系，使民众相亲相随，这就是前代君王作乐的宗旨。

所以，听到《雅》《颂》的乐歌，会使人心胸开阔；拿着盾戚等舞具，学习俯、仰、屈、伸等舞蹈动作，会使人仪态变得庄重；按一定的行列和区域行动，配合着音乐的节奏，行列就会整齐，进退也协调统一。

所以，乐表现了天地间的协同一致，是中正谐和的纲纪，是人的性情必不可少的。

【义理揭示】

音乐可以表现人的内心情感，但又不能过度和放纵，只有当它有节制而合乎规范时，才可以起到调节内心情感的作用。儒家思想认为，音乐舞蹈艺术要遵循"和谐"的规则。由音乐而推及其他方面，儒家把"中和"放在很重要的位置，它要求在事物的各个方向、各个向度中采取中间态度，不要走极端，不偏不倚，恰到好处，这样，就能趋于和谐适度。

五 中山君礼招祸福

【原文选读】

中山君飨①都士，大夫司马子期在焉。羊羹不遍②，司马子期怒而走于楚，说楚王伐中山，中山君亡。有二人挈③戈而随其后者，中山君顾谓二人："子奚为④者也?"二人对曰："臣有父，尝饿且死，君下壶飧⑤饵之。臣父且死，曰：'中山有事，汝必死⑥之。'故来死君也。"中山君喟然而仰叹曰："与不期众少，其于当厄；怨不期深浅，其于伤心。吾以一杯羊羹亡国，以一壶飧得士二人。"

（选自西汉·刘向《战国策·中山策》）

注释：

①飨（xiǎng）：以酒食招待。

②羊羹不遍：意为羊羹不够，没有分给司马子期。

③挈：用手提着。

④奚为："为奚"的倒装。

⑤飡：通"餐"，饭食。

⑥死：为……效死。

【文意疏通】

中山君设宴款待国都的士人，大夫司马子期在座。羊羹没有分给司马子期，他一气之下跑到楚国，说服楚王攻打中山，中山君逃跑了。有两个人提着戈跟随在中山君的后面，中山君回头对二人说："你们是干什么的？"二人回答说："我家老父，饿得快死了，君王曾经赐了一壶熟食给我们父亲吃。父亲临死时说，'中山君一旦有难，你们一定要为中山君效死'。所以我们来为君王效死报恩。"中山君感慨地仰天长叹说："施与不在多少，而在于处在他遭受困厄的时候；怨恨不在深浅，而在于是否伤了人的心。我以一杯羊羹亡国，而以一壶熟食得到两位为国效死的义士。"

【义理揭示】

中山君因为一次不经意的失礼，招来司马子期的怨恨而至亡国之祸；又因为一次不经意的施礼，用一壶饭食得到了两位勇士的以死相报。中山君失礼招祸、施礼得福的故事告诉我们一个道理：是否谦虚知礼、有仁德之心往往是一个人事业成败不可忽视的因素。

六 晏婴惜贤常自下

【原文选读】

晏平仲婴者，莱①之夷维②人也。事齐灵公、庄公、景公，以节俭力行重于齐。既相齐，食不重肉③，妾不衣帛。其在朝，君语及之，即危言④；语不及之，即危行。国有道，即顺命⑤；无道，即衡命⑥。以此三世显名于诸侯。

越石父贤，在缧绁⑦中。晏子出，遭之涂⑧，解左骖赎之，载归。弗谢，入闺。久之，越石父请绝。晏子戄然，摄衣冠谢曰："婴虽不仁，免子于厄，何子求绝之速也？"石父曰："不然。吾闻君子诎⑨于不知己而信⑩于知己者。方吾在缧绁中，彼不知我也。夫子既以感寤⑪而赎我，是知己；知己而无礼，固不如在缧绁之中。"晏子于是延入为上客。

晏子为齐相，出，其御之妻从门间⑫而窥其夫。其夫为相御，拥大盖，策驷马，意气扬扬甚自得也。既而归，其妻请去。夫问其故。妻曰："晏子长不满六尺，身相齐国，名显诸侯。今者妾观其出，志念⑬深矣，常有以自下⑭者。今子长八尺，乃为人仆御，然子之意自以为足，妾是以求去也。"其后夫自抑损⑮。晏子怪而问之，御以实对。晏子荐以为大夫。

（选自西汉·司马迁《史记·管晏列传》）

注释：

①莱：古国名，在今山东省黄县东南。

②夷维：即今山东省高密县。

③重（chóng）肉：有重复的肉食，即有两种肉菜。

④危言：不畏危难而直言。下句中"危行"指正直行事。

⑤顺命：遵命行事。

⑥衡命：指权衡利弊斟酌的办事。

⑦缧（léi）绁（xiè）：捆绑犯人的绳子。

⑧涂：通"途"。

⑨诎（qū）：屈，这里指受委屈。

⑩信：通"伸"。

⑪感寤：有所感而觉悟。寤，通"悟"。

⑫门间：门缝。

⑬志念：思虑。

⑭自下：使自己处于别人之下。

⑮抑损：谦卑。

【文意疏通】

　　晏平仲，名婴，是齐国莱地夷维人。他辅佐了齐灵公、庄公、景公三代国君，由于节约俭朴又努力工作，在齐国受到人们的尊重。他做了齐国宰相，吃饭不吃两道荤菜，妻妾不穿丝绸衣服。在朝廷上，国君说话涉及他，就正直地陈述自己的意见；国君的话不涉及他，就正直地去办事。国君能行正道，就顺着他的命令去做；不能行正道时，就对命令斟酌着去办。因此，他在齐灵公、庄公、景公三代，名声显扬于各国诸侯。

　　越石父是个贤才，正在囚禁之中。晏子外出，在路上遇到他，就解开乘车左边的马，把他赎出来，用车拉回家。晏子没有向越石父告辞，就走进内室，过了好久没出来，越石父就请求与晏子绝交。晏子大吃一惊，匆忙整理好衣帽道歉说："我即使说不上善良

宽厚，也总算帮助您从困境中解脱出来，您为什么这么快就要求绝交呢?"越石父说:"不是这样的。我听说君子在不了解自己的人那里受到委屈而在了解自己的人面前意志就会得到伸张。当我在囚禁之中，那些人不了解我。你既然已经受到感动而醒悟，把我赎买出来，这就是了解我;了解我却不能以礼相待，还不如在囚禁之中。"于是晏子就请他进屋待为贵宾。

晏子做齐国宰相时，一次坐车外出，车夫的妻子从门缝里偷偷地看她的丈夫。她丈夫替宰相驾车，头上遮着大伞，挥动着鞭子赶着四匹马，神气十足，得意扬扬。不久回到家里，妻子就要求离婚。车夫问她离婚的原因，妻子说:"晏子身高不过六尺，却做了齐的宰相，名声在各国显扬，我看他外出，志向思想都非常深沉，常有那种甘居人下的态度。现在你身高八尺，才不过做人家的车夫，看你的神态，却自以为挺满足，因此我要求和你离婚。"从此以后，车夫就谦虚恭谨起来。晏子发现了他的变化，感到很奇怪，就问他，车夫也如实相告。晏子就推荐他做了大夫。

【义理揭示】

一匹马只是赎出了越石父的身，而谦恭的礼遇赢得了贤士的心;车夫妻子的一次细心观察与比较促使丈夫成就了谦恭的美德。晏婴的美德不仅在于他那恢宏大度的气量，更在于谦和有礼的作风，它能成就自己，也能影响别人。

七 将相言和为交欢

【原文选读】

既罢①，归国，以相如功大，拜为上卿，位在廉颇之右。

廉颇曰："我为赵将，有攻城野战之大功，而蔺相如徒以口舌为劳，而位居我上。且相如素贱人，吾羞，不忍为之下！"宣言②曰："我见相如，必辱之。"相如闻，不肯与会。相如每朝时，常称病，不欲与廉颇争列。已而相如出，望见廉颇，相如引车避匿。

于是舍人相与谏曰："臣所以去亲戚而事君者，徒慕君之高义也。今君与廉颇同列，廉君宣恶言，而君畏匿之，恐惧殊甚。且庸人尚羞之，况于将相乎！臣等不肖③，请辞去。"蔺相如固止之，曰："公之视廉将军孰与秦王④？"曰："不若也。"相如曰："夫以秦王之威，而相如廷叱之，辱其群臣。相如虽驽⑤，独⑥畏廉将军哉？顾⑦吾念之，强秦之所以不敢加兵于赵者，徒以吾两人在也。今两虎共斗，其势不俱生。吾所以为此者，以先国家之急而后私仇也。"

廉颇闻之，肉袒负荆，因⑧宾客至蔺相如门谢罪，曰："鄙贱之人⑨，不知将军⑩宽之至此也！"

卒⑪相与欢，为刎颈之交⑫。

（选自西汉·司马迁《史记·廉颇蔺相如列传》）

注释：

①既罢：指渑池之会结束后。

②宣言：对外扬言。

③不肖：不贤，不才。

④孰与秦王：比秦王怎样。孰与，比……怎样。

⑤驽：愚劣，比喻庸碌无能。

⑥独：难道。

⑦顾：但是，不过。

⑧因：经由，通过。

⑨鄙贱之人：鄙陋卑贱的人。

⑩将军：当时上卿职兼将相，故蔺相如也可称将军。

⑪卒：终于。

⑫刎颈之交：即生死之交。

【文意疏通】

渑池之会结束后，回到赵国，由于蔺相如功劳大，被封为上卿，位在廉颇之上。

廉颇说："我是赵国的大将，有攻城野战的大功，而蔺相如只凭言辞立下功劳，他的职位却在我之上。况且相如本来是卑贱的人，我感到羞耻，不甘心自己的职位在他之下！"扬言说："我遇见相如，一定要羞辱他。"相如听到这些话后，不肯和他碰面，每逢上朝时常常推说有病，不愿跟廉颇争位次。过了些时候，相如出门，远远看见廉颇，就掉转车子避开他。

于是相如的门客就一齐规谏说："我们离开亲人来侍奉您，不过是因为仰慕您的高尚品德。现在您与廉颇职位相同，廉将军口出恶言，您却害怕他、躲避他，怕得太过分了。就是普通人对这种情况也感到羞耻，更何况是将相呢！我们没有才能，请允许我们告辞离开吧！"蔺相如坚决挽留他们，说："你们看廉将军与秦王相比哪个厉害？"门客回答说："廉将军不如秦王厉害。"相如说："以秦

王那样的威势，我蔺相如却敢在秦国的朝廷上呵斥他，羞辱他的群臣。相如虽然才能低下，难道只是因为害怕廉将军（才躲避他）吗？只不过我想到，强大的秦国不敢轻易对赵国用兵的原因，只是因为有我们两个人在啊！现在如果两虎相斗，势必不能共存。我之所以这样做，是以国家之急为先而以私仇为后啊！"

廉颇听到这话，就脱去上衣，露出上身，背着荆条，由宾客引导到蔺相如家的门前请罪，说："我这个粗陋卑贱的人，想不到将军宽容我到这样的地步啊！"

两人终于和好，成为生死与共的朋友。

【义理揭示】

蔺相如与人不争、宽容礼让、以国事为重的谦和美德，不仅化解了将相二人的矛盾，也让他赢得了门下舍人的声望，更使赵国保存了强大的实力以抵御秦国。当然将相之所以能言和，一个重要的因素就是廉颇身上的知错就改的精神，这也是谦和礼让精神的重要表现。

八 张良拾履得兵法

【原文选读】

良尝闲从容步游下邳①圯②上，有一老父，衣褐③，至良所，直④堕其履圯下，顾谓良曰："孺子⑤，下取履!"良愕然，欲殴之。为其老，乃强忍，下取履，因跪进，父以足受之，笑去，良殊大惊。父去里所⑥，复还，曰："孺子可教矣。后五日平明，与我期⑦

此。"良因怪，跪曰："诺。"五日平明，良往，父已先在，怒曰："与老人期，后，何也？去，后五日早会。"五日，鸡鸣往。父又先在，复怒曰："后，何也？去，后五日复早来。"五日，良夜半往。有顷⑧，父亦来，喜曰："当如是。"出一编书⑨，曰："读是则为王者师。后十年兴。十三年，孺子见我，济北谷城山下黄石即我已⑩。"遂去不见。旦日视其书，乃《太公兵法》⑪。良因异之，常习诵。

（选自东汉·班固《汉书·张陈王周传》）

注释：

①下邳（pī）：即今天江苏省睢宁县古邳镇。

②圯（yí）：桥。

③衣褐：穿着粗布短衣。

④直：特意。

⑤孺子：小孩子。不客气的称呼。

⑥里所：一里来地。

⑦期：约会。

⑧有顷：过了一会儿。

⑨一编书：一册书。

⑩济北谷城山下黄石即我已：济北谷城山下的黄石就是我。济北，郡名。谷城山，在今山东东阿县东南。已，语终之辞。

⑪《太公兵法》：相传为姜太公所著兵书。

【文意疏通】

张良曾得空在下邳桥上悠闲地漫步，有一老者，穿着粗布的衣服，走到张良面前，故意把鞋掉到桥下，转过头对张良说："年轻人，下去拾鞋!"张良很奇怪，想打他。因为发现他是位老人，便忍着，到下面去拾鞋，并且跪着献上。老者伸出脚穿上鞋子，笑着离开。张良非常奇怪。老者走了一里左右，又回来，说："年轻人值得教育。五天以后黎明时，在这里等我。"张良觉得很奇怪，长跪着对其说："行。"五天后黎明，张良去了。老者已经先到了，生气地说道："和长辈约会，还晚来，为什么? 走吧，五天后要早点来见。"五天以后，张良于鸡叫时就去了。老者又早来了，又生气地说道："又晚到，怎么回事? 走吧，五天后一定要早来。"五天以后，张良半夜就去了。过了一会儿，老者也来了，笑道："应该这样。"拿出一本书，说:"读它就能给王者当老师。十年后崛起。十三年后，年轻人再来见我，济北谷城山下的黄石就是我。"说后便离开消失了。天亮后看那本书，是《太公兵法》。张良很奇怪，于是经常阅读。

【义理揭示】

拾履，并不需要多大力气，但张良给黄石公拾履，却磨砺了他忍辱负重的毅力。礼，常常意味着意志的淬砺，张良之所以能成为"运筹帷幄之中，决胜千里之外"的杰出的军事家、政治家，和他这种礼让的智慧是有关系的。

九 夫妻恩举案齐眉

【原文选读】

梁鸿，字伯鸾，扶风平陵人也。……势家慕其高节，多欲女①

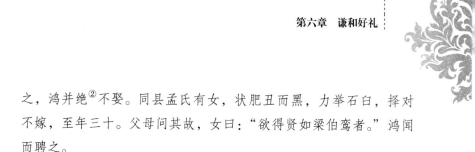

之，鸿并绝②不娶。同县孟氏有女，状肥丑而黑，力举石臼，择对不嫁，至年三十。父母问其故，女曰："欲得贤如梁伯鸾者。"鸿闻而聘之。

女求作布衣、麻屦③，织作筐缉绩④之具。及嫁，始以装饰入门，七日而鸿不答。妻乃跪床下，请曰："窃闻夫子高义，简⑤斥数妇。妾亦偃蹇⑥数夫矣，今而见择，敢不请罪。"鸿曰："吾欲裘褐之人，可与俱隐深山者尔，今乃衣绮缟，傅⑦粉墨，岂鸿所愿哉！"妻曰："以观夫子之志耳。妾自有隐居之服。"乃更为椎髻，著布衣，操作而前。鸿大喜曰："此真梁鸿妻也，能奉我矣。"字之曰德耀，名孟光。

居有顷，妻曰："常闻夫子欲隐居避患，今何为默默？无乃欲低头就之乎？"鸿曰："诺。"乃共入霸陵山中，以耕织为业，咏诗书，弹琴以自娱。……

遂至吴，依大家皋伯通，居庑下，为人赁春⑧。每归，妻为具食；不敢于鸿前仰视，举案齐眉。

（选自南朝宋·范晔《后汉书·梁鸿传》）

注释：

①女：作动词，把女儿出嫁给某人。

②绝：谢绝。

③麻屦（jù）：草鞋。

④缉（jī）绩（jì）：纺织。

⑤简：挑选。

⑥偃（yǎn）蹇（jiǎn）：高傲，傲慢，这里作动词用。

⑦傅：附着，使附着。

⑧赁（lìn）春（chōng）：受雇为人春米。

【文意疏通】

梁鸿，字伯鸾，是扶风平陵县人。……有势力的人家羡慕梁鸿的高尚节操，有很多人家要把女儿嫁给他，梁鸿都谢绝不娶。同县姓孟的人家有个女儿，外形肥胖丑陋黝黑，力气很大，能举起石臼，不想匹配婚嫁，年龄都到 30 岁了。父母问她什么原因，那女子说："要得到梁伯鸾那样贤能的人。"梁鸿听了就下礼聘娶了她。

女子请求制作粗布衣服、草鞋、纺织用的筐、搓绳子的工具。等到出嫁，才梳妆打扮进了门，过门七天梁鸿都不答理她。妻子就跪在床下请求说："我私下听说您有高尚的节义，挑选斥退了几个女子。我选择夫婿，也高傲地对待过几个男子。现在我被您舍弃，哪敢不向您请罪。"梁鸿说："我要的是穿粗布衣服，可以同我一起到深山隐居的人罢了。你现在居然穿着绮丽的绢绸衣服，涂脂抹粉，这哪里是我的意愿呢？"妻子说："只是看看你的志向罢了。我自有隐居的服装。"就重新把头发梳成锥形的髻，穿上粗布衣服，做着女人的活计到梁鸿的面前来。梁鸿非常高兴，说："这真是我梁鸿的妻子啊，能够服侍我喽！"于是给她起了个字叫德耀，取了个名叫孟光。

生活了一段时间，妻子说："常听先生想隐居避患，为何现在还不行动？难道如此苟且偷生？"梁鸿说："好。"于是共同到霸陵山中，以耕织为业，咏诗书，弹琴以自娱自乐。

后来到吴，依附世家望族皋伯通，住在厢房，给人做雇工舂米。每次打完工回来，妻子就准备好食物，从不敢在梁鸿面前直接仰视，把盛食物的托盘举得跟眉毛一样高。

【义理揭示】

  梁鸿和孟氏女所追求的是志趣的高洁、情意的相投和思想的共鸣。在封建社会，男尊女卑已成为天经地义。而梁鸿夫妇能互敬互爱、平等相待，在那高高擎起的托盘上，礼仪与爱情融为一体，更显得温馨而隽永。

十 陈蕃下榻责孝子

【原文选读】

  陈蕃，字仲举，汝南平舆人①也。……初仕郡，举孝廉，除郎中。遭母忧②，弃官行丧。服阕③，刺史周景辟别驾从事，以谏争不合，投传④而去。后公府辟举方正，皆不就。

  太尉李固表荐，征拜议郎，再迁为乐安太守。时，李膺为青州刺史，名有威政，属城闻风，皆自引去，蕃独以清绩留。郡人周璆，高洁之士。前后郡守招命莫肯至，唯蕃能致焉。字而不名，特为置一榻，去则县⑤之。……民有赵宣葬亲而不闭埏隧⑥，因居其中，行服二十余年，乡邑称孝，州郡数礼请之。郡内⑦以荐蕃，蕃与相见，问其妻子，而宣五子皆服中所生。蕃大怒曰："圣人制礼，贤者俯就⑧，不肖企及。且祭不欲数，以其易黩⑨故也。况及寝宿冢藏，而孕育其中，诳时惑众，诬污鬼神乎？"遂致其罪。

（选自南朝宋·范晔《后汉书·陈蕃传》）

注释：

  ①汝南平舆：汝南，郡名，治所在今河南汝南县东南。平舆，县名，治所

在今河南平舆县西北。

②忧：父母之丧。

③服阕：守丧期满除服。阕，终了。

④投传：投，弃。传，符信。

⑤县：通"悬"。

⑥埏（yán）隧（suì）：墓道。

⑦内：通"纳"。

⑧俯就：降格相从。

⑨黩：随随便便，滥用。

【文意疏通】

陈蕃，字仲举，汝南郡平舆县人。……最初，在郡里出仕，被推举为孝廉，授郎中。因母亲去世，辞官居丧。服丧期满，刺史周景召他为别驾从事，因劝谏意见不一，弃符离去。后来公府征举方正，都不去。

太尉李固上表荐举他，授议郎，再升为乐安太守。这时，李膺任青州刺史，治政严，有威名。属城听了消息的，都自己要求离去，陈蕃因为政绩清廉，一个人留下来。郡人周璆，洁身自爱，前后郡守招请，不肯去。只有陈蕃能够招他去。陈蕃称他的字，不叫他的名，非常尊敬他。每次他来，陈蕃都特别为他准备一张床，周璆走了，就把床悬起来。……老百姓赵宣葬亲不闭墓道，住在里面，服丧20多年，乡邑都称赞他的孝行，州郡几次以礼请他。郡里把他推荐于陈蕃，陈蕃与他相见，问到他的妻子儿女，知道赵宣的五个儿女都是居丧期间生的。陈蕃于是大怒说："圣人制礼，有品行道德的人，都得遵守，不肖的人，也应该努力做到。并且祭祀不须次数太多，太多反而不敬。你现在睡在墓中，在墓中养儿育

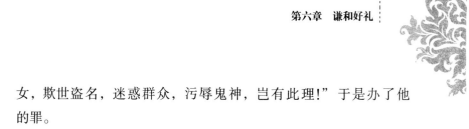

女，欺世盗名，迷惑群众，污辱鬼神，岂有此理！"于是办了他的罪。

【义理揭示】

陈蕃的故事有两点值得借鉴。一是他那张悬挂在家里，专为贤士而设下的床榻，启迪后人对贤才的器重或对宾客的礼遇；二是对于过度循礼、"诳时惑众，诬污鬼神"之人的惩治，启示我们礼仪礼节不是死的教条，而是可以灵活处理的社会规范。

十一 杨时诚心门立雪

【原文选读】

杨时，字中立，南剑将乐人。幼颖异，能属①文，稍长，潜心②经史。熙宁九年，中进士第。时河南程颢与弟颐③讲孔孟绝学于熙、丰之际④，河、洛⑤之士翕然⑥师之。时调官不赴，以师礼见颢于颍昌，相得甚欢。其归也，颢目送之曰："吾道南矣。"四年而颢死，时闻之，设位哭寝门，而以书赴告⑦同学者。至是，又见程颐于洛，时盖年四十矣。一日见颐，颐偶瞑坐⑧，时与游酢⑨侍立不去，颐既觉，则门外雪深一尺矣。……德望日重，四方之士不远千里从之游，号曰龟山先生。

（选自《宋史·杨时传》）

注释：

①属：写作。

②潜心：用心专而深。

③程颢与弟颐：程颢和其弟程颐并称"二程"，为北宋著名的理学家。

④熙、丰之际：宋神宗熙宁、元丰年间。

⑤河、洛：黄河与洛水，也指这两条河之间的地区。

⑥翕（xī）然：形容一致。

⑦赴告：报丧，把死讯通知相关的人。

⑧瞑坐：闭上眼睛坐着，即打瞌睡。

⑨游酢（zuò）：北宋时文人，程门四大弟子之一。

【文意疏通】

杨时，字中立，剑南将乐人。儿时他便异常聪颖，善写文章；年纪稍大一点后，就专心研究经史典籍。宋熙宁九年进士及第。宋熙宁、元丰年间，河南人程颢和弟弟程颐在当地讲授孔子和孟子的学术精要（即理学），黄河、洛水周边地方的文人都争相拜他们为师。当时，杨时正值调任，但为了拜师而未去赴任，后在颍昌拜程颢为师，师生相处得很好。待到杨时归去时，程颢目送他说："我的学说将向南方传播了。"又过了四年，程颢去世。杨时听说后，即在卧室设程颢的灵位哭祭，又用书信讣告同学等人。之后，他又到洛阳拜见程颐，这时杨时大约已经 40 岁了。某天拜见程颐，程颐正打瞌睡，杨时与同学游酢便一直侍立在侧没有离开，等到程颐醒来时，门外的雪已经一尺多深了。……后来，杨时的德行和威望一日比一日高，四方之士不远千里与他交游，而他自号为龟山先生。

【义理揭示】

杨时的德行和威望之所以一日比一日高,不仅在于他天资聪颖和潜心钻研,更缘于他虚心求学、尊师重教的精神。程颐门前那两对深印雪中的脚印,是古人好学求学和追求真理的虔诚而执着的明证,也昭示着中华民族深厚的尊师重道之风。

中国素有礼仪之邦的美称。"礼",是中国文化的重要精神,也是中国古代社会重要的社会道德规范。有礼和重礼,好礼而尊礼,是中国人为人处世和立身行事的重要修养和美德。

礼是人之为人的重要标志,也是人与动物区别的标志,所以《礼记》中说:"凡人之所以为人者,礼义也。"人之所以成为人,关键在于人懂得礼义;人和人交往,要经过礼义来交流情感、表达思想,以昭示人生的意义和价值。人类正是因为懂得礼义,所以能与动物区分出来,而不再与禽兽同类。

礼同时又是立身行事之本和区分人格品性高低的标准。《诗经》中就有"人而无礼,胡不遄死"的诗句,意即人如果没有礼,活着也就没有了意义和价值。《论语》中也说"不学礼,无以立",意思是说,礼为人之本,是一个人思想的基础和精神的统帅,指挥并左右着人的行为,如果在这方面偏离了它的坐标,我们就要迷失人生的方向,陷入错误的泥淖,甚至被他人所唾弃和不齿。

礼也是治国经邦的重要法宝。在中国文化中,礼的范畴之一是国家典章制度,"制作礼乐"意即制定符合道德规范的典章制度,

"礼崩乐坏"的意思是好的规章制度遭到极大的破坏，社会进入了纲纪紊乱、骚动不宁的时代。无礼，则治国无从下手，这已成为社会贤达的共识。历来对此的论述比比皆是，如《左传》云："礼，经国家，定社稷，序民人，利后嗣者也。"孔颖达疏云："国家非礼不治，社稷得礼乃安，故礼所以经理国家、安定社稷。以礼教民则亲戚和睦，以礼守位则泽及子孙。"荀子说："国无礼则不正。礼之所以正国也，譬之，犹衡之于轻重也，犹绳墨之于曲直也，犹规矩之于方圆也，故错之而人莫能诬也。"这些论述均重视礼在治国经邦方面的大用，甚至将礼比喻为治国的度衡和标准、规范一切的绳墨。正因为礼之于治国的重要性，所以孟子才会那么强调"无礼义，则上下乱"。

从某种意义上来说，中国传统文化也可以说是一种"礼义文化"。"礼"是中华民族的重要美德，也是人的重要修养指标。作为伦理规范，它的内容比较复杂，有较多的侧面性。有的属于伦理制度和伦理秩序范畴，如"礼制""礼教"；有的属于人我关系处理的形式，如"礼节""礼仪"；有的属于个人修养素养的具体表现，如"礼貌""礼让"。但不管怎样，"礼"德之源是人的恭敬和谦让之心。

作为伦理制度的一种，"礼教"和"忠孝之道"一样，在中华文明几千年历史过程中曾起过消极的作用；但作为为人处世的道德修养和文明素养，它又是中华民族传统道德的体现，最为直接的表现则是礼貌、礼让、礼节等美德。从以上所选材料来看，"乐者中和之纲纪"中认为"乐"不仅是"人情之所不能免"，更是"天地之命"和"中和之纪"，这样"乐"便成了礼制的重要部分；"中山君礼招祸福""晏婴惜贤常自下"等故事体现的是作为待人接物形式

的礼节；"张良拾履得兵法""陈蕃下榻责孝子""杨时诚心门立雪"等故事属于个体修养涵养的礼貌；而"夫妻恩举案齐眉""将相言和为交欢"的故事则表现了"礼让"。

"礼义文化"同时又包含有"谦和"之德。礼义与谦和，相生相成。"谦"的本义是谦虚、逊让。"满招损，谦受益"是中国人自古就知晓的为人处世之道。《老子》中说："江海所以能为百谷王者，以其善下之，故能为百谷王。"意即告诫人们不要"自矜""处伐""自是"，要像能容纳百谷之水的江海一样谦虚和包容。谦虚，是一种美德，它根源于人的礼让之心，其集中体现的是"不争"。它又有两方面体现，一是在荣誉、利益面前保持清醒的头脑，谦让于人，不汲汲于此；二是以相互尊重的态度处理人际关系，并保持人格独立。中国历史上诸如"将相言和""三顾茅庐"等许多故事，都是谦德的体现。"和"，或称"和德"，它有"和气""和睦""和谐""中和"等具体表现形式，"和气"是待人接物的表现形式，"和睦"则用于人际关系中，"和谐"关乎价值的取向，而作为一种德行，则称之为更高层面的"中和"。"喜怒哀乐之未发谓之中，发而皆中节谓之和。"孔子言"礼之用，和为贵""君子和而不同，小人同而不和"，"和"由此被认为是君子重要的品质，并成为中国传统文化重要的价值取向。为人上成就"和"之美德，进而趋于和睦亲人、协和邻里，最终达到邦国和谐，乃是"谦和"之德的最高境界。

"礼"，作为人类社会重要的甚至是必不可少的社会道德规范，从产生之初起，就以它所特定的价值作用推动着人类社会的进步与发展。它的作用主要体现在：提升人的道德素养，调整人际关系，从道德上规范人们的社会行为。尽管在中国历史的不同时期，"礼"

都因它的时代性而受到限制，但无论何时，"礼"都是维系人类生存、维持良好生活秩序的重要纽带。

她是他的妻子，是国际舞台上闪耀光芒的伟大科学家，她为人谦和、诚恳，身上浸润着深厚的中国传统文化；他是她的丈夫，也是伟大的科学家，是甘愿永远走在她身后的那个人。他付出自己的事业，成全她的辉煌；她理解他的良苦用心，报以一世的真情。袁家骝和吴健雄，这对"中国的居里夫妇"，相持相惜，鹣鲽情深，散发着"礼""谦""和"等中华民族的传统美德气质。

著名华裔物理学家袁家骝和吴健雄被誉为"中国的居里夫妇"，妻子吴健雄被称为"世界物理女王""东方居里夫人"，丈夫袁家骝也是赫赫有名的物理学家。

吴健雄于1912年5月31日出生在江苏太仓浏河镇的一个书香世家。父亲吴仲裔是一位思想开明的人士，1913年创办了明德女子职业学校，十分重视子女的教育。他本人多才多艺，对无线电也有一定的研究。他曾自己动手为女儿装了一部矿石收音机，给她买"百科小丛书"，向她讲述科学趣闻，引领幼小的吴健雄走进科学的大门。他希望自己的女儿巾帼不让须眉，胸怀男儿志，积健为雄。吴健雄7岁时，父亲便让她去学校接受启蒙教育。

袁家骝虽出身世家，但为人有品，他谦和、诚恳，待人有礼，广结善缘。他自小聪明伶俐，才华出众。13岁时所作的一首绝句《咏雪》颇有意境："入夜寒风起，彤云接海横。纷纷飘六出，路

静少人行。"深受其父赏识。袁家骝多才多艺，对评剧、国乐都有兴趣，也会拉二胡，到美国还把二胡带在身边，兴时一起，便把《教我如何不想他》《毛毛雨》等歌曲谱写下来自娱。

由于父亲袁克文是袁世凯的庶出儿子，早年间即遭软禁，所以袁克文只有远离北平，在天津、上海与文化人士来往，他的妻子则带着袁家骝等子女在河南安阳乡下过日子。由此，袁家骝自幼一直是在老家安阳念书。13 岁才到天津南开中学求学，一个月后，再转入英国伦敦传教会办的新学书院。袁家骝在那里接受了科学启蒙教育，由英国剑桥大学一位哈特博士亲授物理，他的舅舅则给他启蒙数学。1928 年，他考上工商大学念工程学，1930 年转到燕京大学念书，又受到中国著名理论物理学家谢玉铭的教导。袁家骝当时对无线电很感兴趣，还在课余搞无线电通讯。1932 年他由燕京大学毕业，再入研究院念了两年，1934 年获硕士学位。那时的燕京大学校长，即后来还做过美国驻华大使的司徒雷登，也喜好无线电，所以和袁家骝熟识。他知道加州大学伯克利设有一个奖学金，问袁有无兴趣，这便促成袁家骝在 1936 年的赴美求学。

吴健雄和袁家骝的相识，缘于一位在美国长大的杨姓华裔。1936 年 8 月，吴健雄由上海坐船来到美国旧金山探望一个女同学，到伯克利经友人介绍认识了杨。杨告诉她，两个礼拜前中国刚来一个留学生也是学物理的，叫袁家骝，并介绍他们相识。吴健雄想参观学校的物理系，袁家骝充当向导。学校原子实验设备的完善和精良吸引了吴健雄，她毅然改变东去的计划，决定留在伯克利，遂与袁家骝成了同窗。

吴健雄才貌出众，又饱受中国传统文化的熏陶，爱穿中国的高领旗袍，更显女性的柔媚，加之她的气质典雅，因此在留学期间，成了男生们关注的焦点。也许是第一次见面时留下的良好印象，吴健雄虽然在伯克利物理系享受着众星捧月般的待遇，但是她真正会应邀赴约的对象却只有袁家骝一个人。他们经常一起听课，一起去图书馆看书，一起吃饭，常常就一个学术上的问题交流到深夜。

时间终于成就了这份爱情。随着两人之间了解的增多、深入，他们在对方身上看到了对科学事业的共同热忱，愈加默契和惺惺相惜。1942 年 5 月 30 日，吴健雄 30 岁生日的前一天，他们在洛杉矶帕沙迪纳举行了简单而隆重的婚礼。婚后，在洛杉矶南面的一个海滨，他们度过了温馨、浪漫的蜜月。

1944 年 3 月，凭借出色的专业功底，吴健雄以一个外国人的身份进入哥伦比亚大学，参加了当时美国最机密的"曼哈顿计划"，研制原子弹。1945 年 7 月 16 日，人类第一颗原子弹在美国新墨西哥州的一个沙漠里试爆。三个星期后，原子弹落到了日本广岛和长崎，日本宣布无条件投降，第二次世界大战正式落下帷幕。看到自己参与研究的成果用于战争，吴健雄和她的同伴们感到无比痛心。但她仍对科学造福人类满怀信心，说："我对人类有信心，我相信有一天我们都会和平地共处。"

婚后，两位科学家相亲相爱。袁家骝恪尽丈夫的职守，承担了生活中的一切琐事：洗衣、扫地、带孩子以至下厨。他尽可能地让吴健雄全身心地从事研究。袁家骝在金婚岁月谈感受时，一派绅士风度地说："夫妻也如同一个'机关'，需要合作，婚前要有承诺，婚后要协调。"朋友评论袁家骝一贯以太太为荣，说："不管吴健雄去什么场合，拎照相机的人总是袁先生！"爱人对家庭和自己的付出，使吴健雄感到分外贴心和甜蜜。吴健雄曾在写给好友的信中说："在三个月的共同生活中，我对他了解得更为透彻。他在沉重工作中

显现的奉献和爱，赢得我的尊敬和仰慕。我们狂热地相爱着。"

结婚不久，因工作关系，他们成了牛郎织女。一个在新泽西州普林斯顿大学，一个在麻省史密斯学院，各自从事自己的教学或研究。只有周末，两人才在纽约相会。1956 年，杨振宁、李政道怀疑"宇称守恒定律"，因实验太困难，希望渺茫，无人肯接受。他们找到吴健雄，这时，吴健雄已与袁家骝买好返回大陆的船票，想看看阔别 20 多年的故乡，但是这项极富挑战的实验吸引了她。袁家骝微笑着看了妻子一眼，毅然退掉了一张船票，孤身一人踏上了回国的旅程。他知道，她的心已被这项富有挑战性的实验深深吸引。吴健雄的实验终于成功了，她作为人梯把两位年轻的中国科学家推上了诺贝尔奖领奖台。

生活中，夫妻俩也偶尔闹点小矛盾，袁家骝的秘诀是："太太第一。"家中的事多为吴健雄做主，但她对丈夫又有种天性的依赖。每遇到棘手的事，她总对人说"等家骝再说"。她常向人夸耀："我有一个很体谅我的丈夫，他也是物理学家。我想，如果可以让他回到他的工作不受打扰，他一定会比什么都高兴。"谁主沉浮？在家里好办，到外面就颇费思量。说来有趣：1973 年他们回大陆探亲，周总理在人民大会堂宴请。大会堂每省都有一个厅，主要是以客人的省籍来安排接见的地点。袁是河南人，吴是江苏人。怎样才体现平等呢？还是周总理高明，最后决定安排在介于苏豫之间的安徽厅，以示"公平"。

袁家骝尽管也在高能物理研究方面取得了一些成绩，但相比妻子则有些逊色。然而袁家骝并不因此后悔，也不感到遗憾。他在妻子的身上找到了自己的梦想，看到了自己的影子，所以他甘愿付出所有去爱她。她成功了，他觉得自己也成功了。他们本来就有相似的目标，她是这个世界上的另一个自己。

吴健雄于1997年2月16日驾鹤远行，袁家骝不胜悲哀。叶落归根，同年4月6日，袁家骝亲自捧着骨灰护送她回归故里，安葬于苏州太仓浏河。数年之后，袁家骝也离开了人世，家人遵照遗嘱将他安葬到明德园，与爱妻永远相伴。

文化感悟

1. 查找相关资料，梳理儒家"礼"的内涵，同时做好读书笔记。

2. 当今很多城市提出共创"礼仪之城""文明之城"的口号，但有人认为"做个文明人，成本太高了"，你是如何看待这一问题的？

3. 礼仪是一个民族在特定的历史条件和地理环境中发展和承袭下来的礼节文明规范，是一种文化形态的象征和体现。不同的历史文化产生了相异的礼仪差异，请以"中西方礼仪的差异"为题做一个微型课题的研究。

第七章 行己有耻

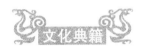

一 孔子论"耻"

【原文选读】

子曰："道①之以政，齐②之以刑，民免③而无耻；道之以德，齐之以礼，有耻且格④。" 　　　　　　　　　　　　　　　　　（《论语·为政》）

子曰："巧言、令色、足恭⑤，左丘明⑥耻之，丘亦耻之。匿怨而友其人，左丘明耻之，丘亦耻之。" 　　　　　　　（《论语·公冶长》）

宪⑦问耻，子曰："邦有道⑧，谷⑨；邦无道，谷，耻也。"

　　　　　　　　　　　　　　　　　　　　　（《论语·宪问》）

子曰："……邦有道，贫且贱焉，耻也。邦无道，富且贵焉，耻也。" 　　　　　　　　　　　　　　　　　　（《论语·泰伯》）

子贡问曰："何如斯可谓之士⑩矣？"子曰："行己有耻，使于四方，不辱君命，可谓士矣。" 　　　　　　（《论语·子路》）

注释：

①道：有两种解释，一为"引导"，二为"治理"。前者较为妥帖。

②齐：整齐，约束。

③免：避免，躲避。

④格：有两种解释，一为"至"，二为"正"。此处宜为"正"。

⑤足恭：过分恭敬。

⑥左丘明：鲁国人，相传是《左传》一书的作者。

⑦宪：姓原名宪，孔子的学生。

⑧邦有道：指国家政治清明。

⑨谷：这里指做官者的俸禄。

⑩士：士在周代贵族中位于最低层，此后，士成为古代社会知识分子的通称。

【文意疏通】

孔子说："用法制禁令去引导百姓，使用刑法来约束他们，老百姓只是求得免于犯罪受惩，却失去了廉耻之心；用道德教化引导百姓，使用礼制去统一百姓的言行，百姓不仅会有羞耻之心，而且守规矩。"

孔子说："花言巧语，装出好看的脸色，摆出逢迎的姿势，低三下四地过分恭敬，左丘明认为这种人可耻，我也认为可耻。把怨恨装在心里，表面上却装出友好的样子，左丘明认为这种人可耻，我也认为可耻。"

原宪问孔子什么是可耻，孔子说："国家政治清明，做官拿俸禄；国家政治黑暗，还做官拿俸禄，这就是可耻。"

孔子说："国家政治清明，而自己却处在贫困卑贱的地位，这

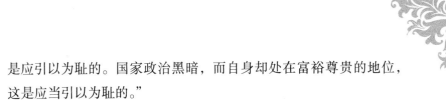

是应引以为耻的。国家政治黑暗，而自身却处在富裕尊贵的地位，这是应当引以为耻的。"

子贡问道："如何才算士？"孔子说："用羞耻心来约束自己的行为，出使四方，能不辱没君命，可算是士了。"

【义理揭示】

《论语》中多处谈到"耻"。究竟何为耻？从《论语》中孔子所言来看，孔子是将有违仁和礼当作耻。首先，孔子希望建立心中理想的德治社会，而德治社会的核心内容即是"仁"，其制约形式即为"礼"，他很重视"有耻且格"的教化结果，选文第一则即说明了这点。其次，孔子对言有更高的要求，如选文第二则，即强调对人要正直、坦诚。最后，知耻体现了士大夫的责任意识和担当精神，应该"国家兴亡，匹夫有责"，如选文最后三则。

二 孟子议"耻"

【原文选读】

孟子曰："人不可以无耻。无耻之耻，无耻矣。"

（《孟子·尽心上》）

孟子曰："耻之于人大矣！为机变①之巧者，无所用耻焉。不耻不若人，何若人有？"

（《孟子·尽心上》）

孟子曰："仁则荣，不仁则辱。今恶辱而居不仁，是犹恶湿而居下也。如恶之，莫如贵德而尊士，贤者在位，能者在职。国家闲暇②，及是时明其政刑③。虽大国，必畏之矣。"（《孟子·公孙丑下》）

徐子④曰："仲尼亟⑤称于水，曰：'水哉，水哉！'何取于水也⑥？"孟子曰："原泉混混⑦，不舍昼夜，盈科而后进⑧，放⑨乎四海。有本者⑩如是，是之取尔⑪。苟为无本，七八月之间雨集，沟浍⑫皆盈；其涸也，可立而待也。故声闻⑬过情，君子耻之。

(《孟子·离娄下》)

注释：

①机变：奸诈。

②闲暇：指国家安定无内忧外患。

③明其政刑：修明政治法律制度。

④徐子：孟子的学生徐辟。

⑤亟（qì）：多次，屡次。

⑥何取于水也：对于水取哪一点呢？何取，取什么。

⑦原泉混混：有源头的活水滚滚而来。原，水源。混混，通"滚滚"，水势湍急的样子。

⑧盈科而后进：水填满了低注不平的地方才继续向前流。科，坎。

⑨放：这里是奔流的意思。

⑩有本者：指有本有源的活水。

⑪是之取尔："取是尔"的倒装句。

⑫沟浍（kuài）：泛指一切沟渠。浍，田间水沟。

⑬声闻：名声，名誉。

【文意疏通】

孟子说："人不能够没有羞耻心，没有羞耻心的耻辱，是真正的耻辱。"

孟子说："羞耻之心对于人至关重要！搞阴谋诡计的人是根本

谈不上羞耻的。不以自己不如别人为羞耻，怎么赶得上别人呢？"

孟子说："仁就光荣，不仁就耻辱；现在的人既厌恶耻辱却又居于不仁的境地，这就好像既厌恶潮湿却又居于低洼的地方一样。假如真的厌恶耻辱，那最好是以仁德为贵，尊敬读书人，使有贤德的人处于一定的官位，有才能的人担任一定的职务。并且趁国家无内忧外患的时候修明政治法律制度。这样做了，即使是大国也会畏惧你。"

徐子说："孔子曾多次赞叹水，说，'水啊！水啊！'他到底对于水取哪一点呢？"孟子说："水从源泉里滚滚涌出，日夜不停地流着，水填满了低凹不平的地方才继续向前流，一直流向大海。它是如此永不枯竭，奔流不息，孔子所取的，就是它的这种特性啊。试想，如果水没有这种永不枯竭的本源，就会像那七八月间的暴雨一样，虽然也可以一下子灌满大小沟渠，但也会一下子就枯竭了。所以，声望名誉超过了实际才德，君子就会感到羞耻。"

【义理揭示】

孟子鲜明地指出羞耻心于人的重要性。他一方面承袭孔子之意，对水的特性加以阐发，同时用水喻人的道德品质，强调人要务本求实，反对一个人的名誉声望与自己的实际情况不符。要求大家像水一样，有永不枯竭的安身立命之本，不断进取，自强不息。另一方面，孟子主张将统治者是否能够推行仁政作为荣辱的标准，这是对孔子论"耻"的精神的继承和发展。

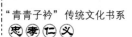
三 顾炎武说"耻"

【原文选读】

《五代史·冯道传·论》曰："礼、义、廉、耻，国之四维①；四维不张，国乃灭亡。"……礼、义，治人之大法；廉、耻，立人之大节。盖不廉则无所不取，不耻则无所不为。人而如此，则祸败乱亡，亦无所不至。况为大臣而无所不取，无所不为，则天下其有不乱，国家其有不亡者乎？

然而四者之中，耻尤为要。故夫子②之论士曰："行己有耻。"孟子曰："人不可以无耻。无耻之耻，无耻矣。"又曰："耻之于人大矣！为机变之巧者，无所用耻焉。"所以然者，人之不廉而至于悖礼犯义，其原皆生于无耻也。故士大夫之无耻，是谓国耻。

吾观三代③以下，世衰道微，弃礼义，捐④廉耻，非一朝一夕之故。然而松柏后凋于岁寒，鸡鸣不已于风雨，彼昏之日，固未尝无独醒之人也。

顷⑤读《颜氏家训》⑥，有云："齐朝一士夫，尝谓吾曰：'我有一儿，年已十七，颇晓书疏。教其鲜卑语及弹琵琶，稍欲通解，以此伏事公卿，无不宠爱。'吾时俯而不答。异哉，此人之教子也！若由此业，自致卿相，亦不愿汝曹⑦为之！"嗟乎！之推不得已而仕于乱世，犹为此言……彼阉然⑧媚于世者，能无愧哉！

（选自清·顾炎武《日知录》）

注释：

①维：隅，角落。

②夫子：指孔子。

③三代：指夏、商、周。

④捐：舍弃，抛弃。

⑤顷：最近。

⑥《颜氏家训》：南北朝时北齐文学家颜之推的传世名作。

⑦汝曹：你们。

⑧阉（yān）然：曲意逢迎的样子。

【文意疏通】

《五代史·冯道传·论》道："礼、义、廉、耻，是国家的四根支柱，这四根支柱不牢固，国家就要灭亡。"礼义是治理人民的大法；廉耻，是为人立身的大节。大凡不廉便什么都可以拿；不耻便什么都可以做。人到了这种地步，那便灾祸、失败、逆乱、死亡，也就都随之而来了。何况身为大臣而什么都拿，什么都做，那么天下哪有不乱，国家哪有不亡的呢？

然而在这四者之间，耻尤其重要。因此孔子论及怎么才可以称为士，说道："个人处世必须有耻。"孟子说："人不能够没有羞耻心，没有羞耻心的耻辱，是真正的耻辱。"又说："耻对于人关系大极了，那些搞阴谋诡计耍花样的人，是根本谈不上羞耻的。"其所以如此，因为一个人的不廉洁，乃至于违反礼义，推究其原因都产生于无耻。因此，士大夫的无耻，可谓国耻。

我考察自三代以下，社会和道德日益衰微，礼义被抛弃，廉耻被丢在一边，不是一朝一夕的事了。但是凛冽的冬寒中有不凋的松柏，风雨如晦中有警世的鸡鸣，那些昏暗的日子中，未尝没有独具卓识的清醒者啊！

最近读到《颜氏家训》上有一段话说："齐朝一个士大夫曾对我说，'我有一个儿子，年已17岁，颇能写点文件书牍什么的，教他讲鲜卑话，也学弹琵琶，使之稍为通晓一点，用这些技能侍候公卿大人，到处受到宠爱'。我当时低首不答。怪哉，此人竟是这样教育儿子的！倘若通过这些本领能使自己做到卿相的地位，我也不愿你们这样干。"哎！颜之推不得已而出仕于乱世，尚且能说这样的话，那些卑劣地献媚于世俗的人，能不感到惭愧吗？

【义理揭示】

礼、义、廉、耻四者之中，顾炎武认为"耻"是最重要的品质，是"立人之大节"。在他看来，人一旦有了羞耻之心，就不会做"悖礼犯义"之事，偶尔做了也能迅速自省并及时加以纠正；如果一个人舍弃了羞耻之心，那他就不能立身行事，甚至丧失做人的资格。他的这一观点，深刻地揭示了"耻"的内涵、知耻的重要性和其道德价值。

四 勾践困卧薪尝胆

【原文选读】

三年，勾践闻吴王夫差日夜勒①兵，且以报越，越欲先吴未发往伐之。范蠡谏曰："不可。臣闻兵者凶器也，战者逆德也，争者事之末也。阴谋逆德，好用凶器，试身于所末，上帝禁之，行者不利。"越王曰："吾已决之矣。"遂兴师。吴王闻之，悉发精兵击越，败之夫椒。越王乃以余兵五千人保栖②于会稽。吴王追而围之。

......

勾践之困会稽也，喟然叹曰："吾终于此乎？"种^③曰："汤系^④夏台，文王囚羑里，晋重耳奔翟，齐小白奔莒，其卒王霸。由是观之，何遽不为福乎？"

吴既赦越，越王勾践反国，乃苦身焦思，置胆于坐^⑤，坐卧即仰胆，饮食亦尝胆也。曰："汝忘会稽之耻邪？"身自耕作，夫人自织；食不加肉，衣不重采；折节^⑥下贤人，厚遇宾客；振^⑦贫吊死，与百姓同其劳。

（选自西汉·司马迁《史记·越王勾践世家》）

注释：

　　①勒：统帅，操练。

　　②保栖：守卫居住。

　　③种：勾践的谋臣文种。

　　④系：拘囚。

　　⑤坐：通"座"，座位。

　　⑥折节：屈己下人。

　　⑦振：救济。

【文意疏通】

三年（前494），勾践听说吴王夫差日夜操练士兵，将报复越国一箭之仇，便打算先发制人，在吴未发兵前去攻打吴。范蠡进谏说："不行，我听说兵器是凶器，攻战是背德，争先打仗是事情中最下等的。阴谋去做背德的事，喜爱使用凶器，亲身参与下等事，定会遭到天帝的反对，这样做绝对不利。"越王说："我已经做出了决定。"于是举兵进军吴国。吴王听到消息后，动用全国精锐部队

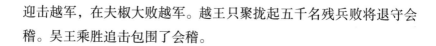

迎击越军，在夫椒大败越军。越王只聚拢起五千名残兵败将退守会稽。吴王乘胜追击包围了会稽。

……

勾践被困在会稽时，曾喟然叹息说："我将在此了结一生吗？"谋臣文种说："商汤被囚禁在夏台，周文王被围困在羑里，晋国重耳逃到翟，齐国小白逃到莒，他们都最终称霸天下。由此来看，我们今日的处境何尝不可能成为福分呢？"

吴王赦免了越王，勾践回国后，深思熟虑，苦心经营，把苦胆挂到座位上，坐卧即能仰头尝尝苦胆，饮食也尝尝苦胆。还说："你忘记会稽的耻辱了吗？"他亲身耕作，夫人亲手织布，吃饭从未有荤菜，从不穿有两层华丽的衣服；对贤人彬彬有礼，能委曲求全，招待宾客热情诚恳；能救济穷人，悼慰死者，与百姓共同劳作。

【义理揭示】

越王勾践的卧薪尝胆表明他没有忘记以前所受的耻辱，而是将所受之辱铭记在心，并在行动上激励自己，以图将来报仇雪恨，最终他东山再起，一举灭吴。孟子云"生于忧患，死于安乐"，勾践的故事正好说明了这一点，同时从另一个层面印证了：知耻，若能忍辱负重、坚忍不拔、百折不挠、砥砺节行，最终就有可能取得成功。

五 太史隐忍著信史

【原文选读】

于是论次其文。七年而太史公遭李陵之祸^①，幽于缧绁^②。乃喟然而叹曰："是余之罪也夫！是余之罪也夫！身毁不用矣！"退而深惟曰："夫《诗》《书》隐约者，欲遂其志之思也。昔西伯拘羑里，演《周易》^③；孔子厄陈、蔡，作《春秋》^④；屈原放逐，著《离骚》；左丘失明，厥有《国语》^⑤；孙子膑脚，而论兵法^⑥；不韦迁蜀，世传《吕览》^⑦；韩非囚秦，《说难》《孤愤》^⑧；《诗》三百篇，大抵贤圣发愤之所为作也。此人皆意有所郁结，不得通其道也，故述往事，思来者。"于是卒述陶唐^⑨以来，至于麟止^⑩，自黄帝^⑪始。

（选自西汉·司马迁《史记·太史公自序》）

注释：

①遭李陵之祸：汉时李陵率军深入匈奴腹地，遇匈奴主力而被围，兵败投降。司马迁认为李陵是难得的将才，在武帝面前为他辩解，竟被下狱问罪，处以宫刑，这就是"李陵之祸"。

②缧（léi）绁（xiè）：原是捆绑犯人的绳索，这里引申为监狱。

③西伯拘羑（yǒu）里，演《周易》：周文王被殷纣王拘禁在羑里（今河南汤阴县北）时，把上古时代的八卦（相传是伏羲所作）推演成六十四卦，这就是《周易》一书的骨干。

④孔子厄陈、蔡，作《春秋》：孔子为了宣传自己的政治主张，曾周游列国，但到处碰壁，在陈国和蔡国，还受到了绝粮和围攻的困厄，其后返回鲁国

写作《春秋》。

⑤左丘失明，厥有《国语》：相传春秋时鲁国的史官左丘失明以后，撰写成《国语》一书。

⑥孙子膑脚，而论兵法：孙膑因遭庞涓妒忌而受截去两腿膝盖上膑骨的膑刑，孙膑后被齐威王任为军师，著有《孙膑兵法》。

⑦不韦迁蜀，世传《吕览》：吕不韦曾被秦任为相国，他曾命令门下的宾客编撰了《吕氏春秋》（又称《吕览》）一书，秦始皇亲政后，被免去相国职务，赶出都城，又令迁蜀，忧惧自杀。

⑧韩非囚秦，《说难》《孤愤》：韩非是战国末期法家的代表，出身韩国贵族，为李斯所谗，在狱中自杀，《说难》《孤愤》是《韩非子》中的两篇。

⑨陶唐：即唐尧，《史记》列为五帝之一。

⑩至于麟止：汉武帝元狩元年（前122），猎获白麟一只，《史记》记事即止于此年。

⑪黄帝：传说中原各族的共同祖先，姬姓，号轩辕氏、有熊氏。《史记》首篇即《五帝本纪》，黄帝为五帝之首，故云。

【文意疏通】

我于是着手编写《史记》。过了七年，我因"李陵之祸"而大祸临头，被关进了监狱。于是喟然长叹："这是我的罪过啊！这是我的罪过啊！身体被摧毁了，不会再被任用了！"退居以后又转而深思："《诗经》和《尚书》辞意隐约，这是作者要表达他们内心的思想。从前周文王被囚禁在羑里，就推演了《周易》；孔子在陈国和蔡国受到困厄，就写作《春秋》；屈原被怀王放逐，就写了《离骚》；左丘明眼睛瞎了，这才有了《国语》；孙膑遭受膑刑之苦，于是研究兵法；吕不韦谪迁蜀地，后世却流传着《吕氏春秋》；韩非子被囚禁在秦国，《说难》《孤愤》才产生；《诗经》305篇，

大多是古代的圣贤之人为抒发胸中的愤懑之情而创作的。这些人都是意气有所郁结，没有地方可以发泄，这才追述往事，希望未来的人了解自己。"于是，终于记述了唐尧以来的历史，从黄帝开始，止于猎获白麟的元狩元年。

【义理揭示】

司马迁援引周文王、孔子、屈原、左丘明、吕不韦、韩非等众多例子，意在表明《史记》也是在自己陷入人生莫大的耻辱与困境中写就的，是"发愤之所为作也"。可见，耻辱有时是激励人生成就事业的一大契机，至少会让人变得更加坚定而清醒，从而抵达一般人难以企及的境地。

六 李陵遭围降匈奴

【原文选读】

数岁，天汉[①]二年秋，贰师将军李广利将三万骑击匈奴右贤王于祁连天山[②]，而使陵将其射士步兵五千人，出居延北可[③]千余里，欲以分[④]匈奴兵，毋令专走贰师[⑤]也。陵既至期还，而单于以兵八万围击陵军。陵军五千人，兵矢既尽，士死者过半，而所杀伤匈奴亦万余人。且引[⑥]且战，连斗八日，还未到居延百余里，匈奴遮狭绝道[⑦]，陵食乏而救兵不到，虏急击招降陵。陵曰："无面目报陛下。"遂降匈奴。其兵尽没，余亡散得归汉者四百余人。

单于既得陵，素闻其家声，及战又壮，乃以其女妻陵而贵之。汉闻，族[⑧]陵母妻子。自是之后，李氏名败，而陇西之士居门下者⑨皆用⑩为耻焉。

（选自西汉·司马迁《史记·李将军列传》）

注释：

①天汉：汉武帝的第八个年号，共四年（前100—前97）。

②祁连天山：即祁连山。

③可：大约。

④分：分散。

⑤专走贰师：专来对付贰师将军的军队。

⑥引：退。

⑦遮狭绝道：拦堵住狭窄的山谷。遮，拦挡。狭，指狭窄的山谷。绝，断绝。道，指李陵军队的归路。

⑧族：灭门，诛灭全族。这里指杀其全家。

⑨居门下者：在门下为宾客。

⑩用：因为。

【文意疏通】

几年后，天汉二年（前99）秋天，贰师将军李广利率领3万骑兵在祁连山进攻匈奴右贤王，武帝派李陵率领他的步兵射手5000人，出兵到居延海以北大约1000里的地方，想用此法分散敌人的兵力，不让他们专门去对付贰师将军。李陵到预定期限就要回兵，而单于用8万大军包围截击李陵的军队。李陵军队只有5000人，箭射光了，士兵死了大半，但他们杀伤匈奴也有1万多人。李陵军边退边战，接连战斗了八天，往回走到离居延海还有100多里的地方，匈奴兵拦堵住狭窄的山谷，截断了他们的归路。李陵军队缺乏粮食，救兵也不到，敌人加紧进攻，并劝诱李陵投降。李陵说：

"我没脸面去回报皇帝了!"于是就投降了匈奴。他的军队全军覆没,余下逃散能回到汉朝的只有400多人。

单于得到李陵之后,因平素就听说过李陵家的名声,打仗时又很勇敢,于是就把自己的女儿嫁给李陵,使他显贵。汉朝知道后,就杀了李陵的母亲及妻儿全家。从此以后,李家名声败落,陇西一带的人士曾为李氏门下宾客的,都以此为耻辱。

【义理揭示】

李陵没有战死沙场自杀殉国,而是投降了匈奴保存了实力,后世多有人认为李陵并非不忠、不勇和无耻;但作为大汉战将,李陵不但苟且偷生,还做了匈奴人的驸马,从客观上讲,他让自己的祖国蒙受了莫大的耻辱。可是在匈奴与大汉的战争中,李陵坚持不献一策,不与汉军对阵。由此来看,耻有两种:一种是行动上或事实上的,一种是思想上或意念上的。李陵大概属于行动上的无耻而思想上的有耻。

七　周处知耻改自新

【原文选读】

周处年少时,凶强侠气①,为乡里所患②。又义兴③水中有蛟,山中有邅迹虎④,并皆暴犯百姓。义兴人谓为三横,而处尤剧。或说处杀虎斩蛟,实冀三横唯余其一。处即刺杀虎,又入水击蛟。蛟或浮或没,行数十里,处与之俱。经三日三夜,乡里皆谓已死,更相庆⑤。竟杀蛟而出。闻里人相庆,始知为人情所患,有自改意。

乃自吴寻二陆⑥。平原不在，正见清河，具以情告，并云欲自修改⑦而年已蹉跎⑧，终无所成。清河曰："古人贵朝闻夕死⑨，况君前途尚可。且人患志之不立，亦何忧令名不彰邪？"处遂改励⑩，终为忠臣孝子。

（选自南朝宋·刘义庆《世说新语》）

注释：

①凶强侠气：凶恶武断。

②为乡里所患：被乡里人视为祸害。

③义兴：晋郡名，今江苏宜兴县。

④邅（zhān）迹虎：转来转去要吃人的老虎。

⑤更相庆：轮番互相庆贺。

⑥自吴寻二陆：到吴地寻找陆机、陆云。二陆是兄弟俩，均为西晋著名文学家。陆机后来在晋朝曾任平原郡内史，陆云曾任清河郡内史，所以下文直呼为平原、清河。

⑦修改：修身改过。

⑧蹉跎：虚度光阴。

⑨朝闻夕死：这是用《论语·里仁》"朝闻道，夕死可矣"的意思，大意是，早上听到了真理，就算晚上死去也不算虚度此生。

⑩改励：努力改过。

【文意疏通】

周处年轻时，凶狠倔强，好使气力，是乡里的祸害，加上义兴郡河里有蛟龙，山上有吃人虎，都危害百姓，义兴人将他们并称为"三害"，三害当中数周处最为厉害。有人劝周处去杀虎斩蛟，其实是希望三害中只剩下一个。周处立刻上山刺杀了老虎，又下河去斩

蛟龙。蛟龙时而浮出水面，时而潜入水底，游了几十里，周处始终和蛟龙在一起搏斗。经过三天三夜，乡亲们都认为他已经死了，互相庆贺。没想到周处竟然杀死蛟龙，从水里出来了。他听说乡亲互相庆贺，才知道自己是人们所痛恨的人，就有意改过自新。于是他到吴郡寻找陆机、陆云兄弟，陆机不在家，只见到陆云。周处就把情况一五一十地告诉了陆云，并且说自己想加强修养，改正错误，可是岁月已经虚度，恐怕终究不会有什么成就。陆云说："古人珍视道义，认为'哪怕是早上明白了道理，晚上死去也甘心'，况且你的前途还是有希望的。再说人就怕立不下志向，只要能立志并努力去做，又何必担忧好名声得不到传扬呢？"周处听后决定改过自新，最终成为一代忠臣孝子。

【义理揭示】

世上不犯错误的人是没有的，对可耻行为的追悔是对生命的拯救，周处的改过自新正说明了这一点。他年轻时横行乡里，被视为恶少，而后来改邪归正，"终为忠臣孝子"，《晋书》因此还为他立了传。《中庸》中说，"知耻近乎勇"，换句话说，有勇方能真正知耻，总而言之，知道羞耻并勇于改过是一种值得推崇的品质和美德。

八 文山有为隐忍行

【原文选读】

德祐二年二月十九日，予除^①右丞相兼枢密使^②，都督^③诸路^④

军马。时北兵已迫修门外，战、守、迁皆不及施。缙绅、大夫、士萃⑤于左丞相府，莫知计所出。会使辙交驰，彼邀当国者相见⑥，众谓予一行为可以纾⑦祸。国事至此，予不得爱身；意彼亦尚可以口舌动也。初，奉使往来，无留北者，予更欲一觇⑧北军而求救国之策。于是辞相印不拜，翌日，以资政殿学士行。

初至北营，抗辞慷慨，上下颇惊动，彼亦未敢遽⑨轻吾国。不幸吕师孟构恶⑩于前，贾余庆献谄于后，予羁縻⑪不得还，国事遂不可收拾。予自度不得脱，则直前诟其帅失信，数⑫吕师孟叔侄为逆，但欲求死，不复顾利害。彼虽貌敬，实则愤怒，二贵酋⑬名曰"馆伴"，夜则以兵围所寓舍，而予不得归矣。未几，贾余庆等以祈请使诣北。彼驱予并往，而不在使者之目。予分⑭当引决，然而隐忍以行。昔人云："将以有为也⑮"。

（选自南宋·文天祥《〈指南录〉后序》）

注释：

①除：授官。

②枢密使：枢密院长官，掌管国家兵权。

③都督：统率。

④路：宋代地方行政区域名称，相当于现代的"省"。

⑤萃：聚集。

⑥相见：见他们。

⑦纾（shū）：缓和，解除。

⑧觇（chān）：窥视。

⑨遽（jù）：匆忙，马上。

⑩构恶：挑拨，陷害。

⑪羁（jī）縻（mí）：被拘留。

⑫数（shǔ）：列举罪状。

⑬贵酋：旧指少数民族的头领。

⑭分（fèn）：按名分，按理。

⑮将以有为也：这是唐代名将南霁云的话。

【文意疏通】

德祐二年二月十九日，我受任右丞相兼枢密使，统率全国各路兵马。当时元兵已经逼近都城北门外，交战、防守、转移都来不及做了。满朝大小官员会集在左丞相吴坚家里，都不知道该怎么办。此时双方使者的车辆往来频繁，元军邀约宋朝主持国事的人前去相见，大家认为我去一趟就可以解除祸患。国事到了这种地步，我不能顾惜自己了；料想元人也还可以用言词打动的。当初，使者奉命往来，并没有被扣留在北方的，我就更想察看一下元人的虚实，回来谋求救国的计策。于是，辞去右丞相职位，第二天，以资政殿学士的身份前往。

刚到元营时，据理抗争，言词激昂慷慨，元军上下都很惊慌震动，他们也未敢立即轻视我国。可不幸的是，吕师孟早就同我结怨，贾余庆又紧跟着媚敌献计，于是我被拘留不能回国，国事就不可收拾了。我自料不能脱身，就径直上前痛骂元军统帅不守信用，揭露吕师孟叔侄的叛国行径，只要求死，不再考虑个人的利害。元军虽然表面尊敬，其实却很愤怒，两个重要头目名义上是到宾馆来陪伴，夜晚就派兵包围我的住所，我就不能回国了。不久，贾余庆等以祈请使的身份到元京大都去，元军驱使我一同前往，但不列入使者的名单。我按理应当自杀，然而仍然含恨忍辱地前去。正如古人所说："（忍辱不死）是准备凭借这个有所作为啊！"

【义理揭示】

"隐忍"就是将事情掩藏于内心，强力克制忍耐，不作表示，是忍辱负重的表现。文天祥内有"吕师孟构恶"与"贾余庆献谄"之辱，外有"以兵围所寓舍"和"不在使者之目"之困，他在濒临死亡的时刻仍旧隐忍以行，这是何等大义凛然的豪情。将个人之耻服从于国耻而隐忍以行，是大丈夫和君子所为。

九 晏婴尚俭拒新车

【原文选读】

晏子朝，乘敝车，驾驽马。景公见之曰："嘻！夫子之禄寡耶？何乘不佼①之甚也？"晏子对曰："赖君之赐，得以寿②三族，及国游士，皆得生焉。臣得暖衣饱食，敝车驽马以奉其身，于臣足矣。"

晏子出，公使梁丘据③遗之辂车④乘马，三返不受。公不说，趣⑤召晏子。晏子至，公曰："夫子不受，寡人亦不乘。"晏子对曰："君使臣临⑥百官之吏，臣节其衣服饮食之养，以先国之民；然犹恐其侈靡而不顾其行也。今辂车乘马，君乘之上，而臣亦乘之下。民之无义，侈其衣服饮食而不顾其行者，臣无以禁之。"遂让不受。

（选自《晏子春秋·内篇》）

注释：

①佼：好。

②寿：保。

③梁丘据：人名。

④辂（lù）车：大车。多指君王用的车。

⑤趣：通"促"，赶快。

⑥临：治理，管理。

【文意疏通】

晏子入朝的时候，每每乘坐破旧的车子，用劣马拉车。齐景公发现了这种情况，说："哎呀！先生的俸禄太少了吗？为什么乘坐这么破旧不堪的车子呢？"晏子回答说："倚仗国君的恩赐，我得以保全父、母及妻三族的衣食，还能周济国内的游士，使他们得以生存。国家给我的俸禄很多啊，我能够穿暖吃饱，还有车马可以自己用，已经很满足了。"

晏子出宫后，齐景公派大夫梁丘据给晏子送去四匹马拉的豪华大车，结果来回送了好多次，晏子都不肯接受。齐景公很不高兴，立即召见晏子。晏子到后，齐景公说："先生不接受我的馈赠，那我也不乘车了。"晏子回答说："国君派我管理百官，我应该节省衣食，朴素勤俭，给百官和百姓作个榜样。我努力地廉洁节俭，还恐怕他们奢侈浪费而不顾自己的品行。现在，国君在上乘豪华大车，我在下也乘豪华大车，这样，我就没有理由去禁止百姓不讲礼义、追求奢华、铺张浪费的行为了。"最后，晏子还是辞谢了齐景公的好意，没有接受豪华的车马。

【义理揭示】

自古以来廉耻并称，二者相并而行，廉而知耻，相应地，知耻方廉，也就是说，知耻是廉洁的前提条件，廉洁则是知耻的外在表现，"耻"指向于内心修养，"廉"偏向于外在行为。晏婴身居高官显位而追求俭朴清廉，拒绝豪华奢侈，这是个人的美德，但只有这样做，一个国家才会形成廉洁朴素的好风气。

十 杨震公廉拒私谒

【原文选读】

震少好学……大将军邓骘闻其贤而辟①之，举茂才②，四迁荆州刺史、东莱太守③。当之郡，道经昌邑，故所举荆州茂才王密为昌邑令，谒见，至夜怀金十斤以遗震。震曰："故人④知君，君不知故人，何也？"密曰："暮夜无知者。"震曰："天知，神知，我知，子知。何谓无知！"密愧而出。后转涿郡太守。性公廉，不受私谒。子孙常蔬食步行，故旧长者⑤或欲令为开⑥产业，震不肯，曰："使后世称为清白吏子孙，以此遗之，不亦厚乎！"

（选自南朝宋·范晔《后汉书·杨震传》）

注释：

①辟：征召。

②茂才：即"秀才"。

③四迁荆州刺史、东莱太守：这句话的意思是，杨震四次升迁，从荆州刺史转任东莱太守。

④故人：老朋友，杨震自称。

⑤故旧长者：老朋友及德高望重的人。

⑥开：开办。

【文意疏通】

杨震小时候喜欢学习……大将军邓骘听说杨震贤明就派人征召他，推举他为秀才，四次升迁，从荆州刺史转任东莱郡太守。在他赴郡途中，路上经过昌邑，他从前举荐的荆州秀才王密担任昌邑县令，前来拜见杨震，到了夜里，王密怀揣 10 斤银子来送给杨震。杨震说："我了解你，你不了解我，为什么呢？"王密说："夜深了，没有人会知道。"杨震说："上天知道，神明知道，我知道，你知道。怎么说没有人知道呢！"王密拿着银子羞愧地出去了。后来杨震调动到涿郡任太守。他本性公正廉洁，不肯接受私下的拜见。他的子孙常吃蔬菜，步行出门，他的老朋友中有年长的人想要让他为子孙开办一些产业，杨震不答应，说："让后代被称作清官的子孙，把这种为人清白的风气留给他们，不也很优厚吗？"

【义理揭示】

当以前的学生、现在的手下"夜怀金十斤"来拜见杨震时，杨震以"四知"之理拒贿、"不受私谒"，并以这种清白之风感染子孙，让子孙继承这份珍贵的精神遗产。杨震的"公廉"源于他内心深处的"行己有耻"的羞恶之心，有了这种羞恶之心，人就能形成一种最基本的道德自觉，从而走向至善。

十一 温公训俭示子康

【原文选读】

吾本寒家，世以清白①相承。吾性不喜华靡，自为乳儿，长者

217

加以金银华美之服，辄羞赧②弃去之。二十忝科名③，闻喜宴独不戴花。同年④曰："君赐不可违也。"乃簪一花⑤。平生衣取蔽寒，食取充腹；亦不敢服垢弊以矫俗干名⑥，但顺吾性而已。众人皆以奢靡为荣，吾心独以俭素为美。人皆嗤吾固陋⑦，吾不以为病⑧。应之曰：孔子称"与其不逊也宁固⑨"；又曰"以约失之者鲜矣⑩"；又曰"士志于道，而耻恶衣恶食者，未足与议也⑪"。古人以俭为美德，今人乃以俭相诟病。嘻，异哉！

（选自北宋·司马光《训俭示康》）

注释：

①清白：廉洁、朴素的家风。

②赧（nǎn）：因害羞而脸红。

③二十忝科名：20 岁考中进士。忝，谦语，意思是自己名列在内，使同人有辱。

④同年：同榜登科的人，彼此称"同年"。

⑤乃簪一花：于是勉为插戴一枝花。簪，这里作动词用。

⑥服垢弊以矫俗干名：穿肮脏破烂的衣服，以有意违背世俗常情来求得名誉。服，穿。垢，脏。弊，破。矫俗，违背世俗的常情。干名，追求名誉。干，求。

⑦固陋：固执而不通达。

⑧病：缺点，缺陷。

⑨与其不逊也宁固：语出《论语·述而》，"子曰：'奢则不逊，俭则固。与其不逊也，宁固。'"意思是说，奢侈就显得骄傲，节俭就显得固陋。与其骄傲，毋宁固陋。

⑩以约失之者鲜矣：语出《论语·里仁》。意思是说，因为俭约而犯过失的，那是很少的。约，俭约。鲜，少。

⑪士志于道，而耻恶衣恶食者，未足与议也：语出《论语·里仁》。意思是说，读书人有志于真理，却以吃得不好穿得不好为羞耻，这种人是不值得跟他谈论的。

【文意疏通】

我本来出身于贫寒的家庭，一代一代都凭借廉洁、朴素的家风相继承。我生性不喜欢豪华奢侈，从做婴儿时起，长辈把饰有金银的华美的衣服加在我身上，我总是因害羞而脸红并扔掉它。20 岁那年忝列在进士的科名之中，参加闻喜宴时，只有我不戴花。同榜登科的人说："花是君王赐戴的，不能违反。"我才在帽檐上插上一枝花。我一向衣服只求抵御寒冷，食物只求饱肚子，也不敢故意穿肮脏破烂的衣服以表示与一般人不同，以此取得人们的赞扬，只是顺着我的本性行事罢了。许多人都把奢侈浪费看作光荣，我心里独自把节俭朴素看作美德。别人都讥笑我固执，不大方，我不把这作为缺陷，回答他们说：孔子说"与其骄纵，毋宁固陋"；又说"因为俭约而犯过失的很少"；又说"有志于探求真理但却以吃得不好、穿得不好为羞耻的读书人，是不值得跟他谈论的"。古人把节俭作为美德，现在的人却因节俭而相讥议，认为是缺陷。哎，真奇怪呀！

【义理揭示】

司马光从廉洁朴素的家风谈起，说到自己"衣取蔽寒、食取充腹"的俭德，并与当时众人"以奢靡为荣"的世风相对照，目的是以此告诫自己的儿子，士志于道，要以奢靡为耻、以俭素为美，切不可因为追求外在的物质需要而忽略了内在品格的培养和学问的修养。

文化倾听

　　耻感文化，或者称作廉耻文化，是中国传统文化中的重要组成部分，尤其值得我们当代人重视。"耻"，古作"恥"，说文曰："辱也。从心，耳声。"这说明"耻"是人内心所具有的一种荣辱感，是维护自身尊严而产生的主观情感意识，在知耻的前提下，人们才能自觉地为善去恶、趋荣避辱。也就是说，耻感文化就是基于荣辱感和羞耻感的一种普遍的社会心理和社会意识。总而言之，作为中国传统文化的重要组成部分，耻感文化历史悠久、博大精深、对后世影响深远。

　　中国古代政治家和思想家历来都十分重视"耻"。如以上选文所说，孔子提倡德治。他认为，德治乃有效的治国方略，因为德治能使民知耻，百姓一旦有了耻感，就能自觉地有所为有所不为，进而达到"行己有耻"的为人境界。作为孔子思想的继承者，孟子对耻也很重视。他认为，"耻之于人大矣"，因此，"人不可以无耻"。先秦的典籍中《管子》最重耻，它将耻与礼、义、廉并列，一并当成"国之四维"，即国家的支柱，这就将耻抬到了很高的位置。它说："守国之度，在饰四维……四维不张，国乃灭亡。"（《牧民》）。清代思想家顾炎武十分欣赏《管子》的四维说，并作了发挥。他认为，"人之不廉而至于悖礼犯义，其原皆生于无耻也"，因此，"四者之中，耻尤为要"。在他看来，四维之中最重要、最根本的一项是耻。近代思想家龚自珍、康有为等对耻也多有重视和论述。

由此看来，中国的耻感文化源远流长，从以上所选先秦时期对"耻"的论述文字来看，古人早已认识到耻感文化对引导社会风气、修身齐家、以德治国等方面的重要作用。

中国古代许多思想家之所以高度重视耻，是由于对羞耻心的深刻体验和认识。它是人们从善向上、远罪去恶的内在驱动力，这种内驱力又源于人们求荣免辱、维护尊严之心。上面所选"文山有为隐忍行""杨震公廉拒私谒""温公训俭示子康"等故事里，文天祥的"隐忍以行"、杨震的"公廉"、司马光"衣取蔽寒""食取充腹"的俭德，与吕师孟"构恶"与贾余庆"献谄"的无耻、他人明目张胆的贿赂、当时众人"以奢靡为荣"的世风，两相对照，有耻与无耻，妍媸毕露。君子在有耻与无耻面前，必定会有所为有所不为。

知耻心又表现为一种上进心，它能使人因羞愧而激发强烈的自尊心，进而奋发有为。因为这种知耻心的实质乃是一种基于是非观和荣辱观所表现出来的趋荣避辱之心，它不仅使人以德行有亏为耻，又使人以事业无成，落伍于朋辈、他人为耻辱。所以，从这个角度来看，它使人存不足而自我鞭策，成为进步、自强的动力。上面所选故事中，"勾践困卧薪尝胆"和"周处知耻改自新"的故事，都表现了主人公奋发有为的精神状态，而这种奋发有为的精神状态，皆生于人的知耻之心。

自古以来廉耻并称，二者相并而行，廉而知耻，相应地，知耻方廉，也就是说，知耻是廉洁的前提条件，廉洁则是知耻的外在表现，"耻"指向于内心修养，"廉"偏向于外在行为。可以说，"廉耻观"也是耻感文化的一个重要组成部分。上面所选故事中，"晏婴尚俭拒新车""杨震公廉拒私谒""温公训俭示子康"等故事，主人公或崇尚俭朴之风或追求清廉之德，不仅影响了当时，也为后世留下了一份珍贵的精神遗产。

毋庸置疑，在当今中国社会，激励人们知耻、重耻、行己有耻实在是治国与教化的一件大事。这首先当从培养正确的自尊心、树立人格的自觉开始；其次要树立正确的是非、善恶、荣辱观，这是知耻的重要前提；最后，知耻应以勇气为后盾，有了这种勇气，方能由羞愧而悔改。

当然，善恶观、是非观和荣辱观均属历史范畴，具有鲜明的时代性，也有一定的阶级性，因此，在此基础上建立起来的羞耻心的具体内容，古今往往并不相同。比如，封建时代的婚姻建立在包办的基础之上，正统的观念当然是以门当户对、父母之命为荣，而往往以自由恋爱为耻，在新时代，爱情婚姻的自由却是公民的合法行为；再如封建社会光明正大的多妻制，换成今天，就不只是羞耻，而是犯罪了。荣辱观在不同的文化背景下也表现出不同的倾向性。如近期美国最高法院裁定同性婚姻在全美合法，以前为人们所不齿的同性恋和同性婚姻正式走上了合法化道路，而世界上许多其他国家由于文化的差异仍然没有承认其合法性。这些现象足以说明，即使在同一时代，人们的羞耻感也往往不尽相同，青少年朋友当以历史的眼光去评析这些现象。

文化传递

演员于是之是一代话剧表演大师，是名人，在表演和理论探求上成果累累。但正是这样一位大师、明星，尽管他懂得名人敛钱的

快捷方式，但是他也懂得有所为有所不为，不肯拿字卖钱，既给不相识的人写字，又给不相识的人补章，并且字大都是写给朋友的，这就注定他一生与清贫为伍。

于是之为人有品：他正直、自律、风趣、幽默，他爱读书，还有他贫苦的童年所带给他的平民立场。1997 年出版社出版于是之专集时，他自己一定要求书名定为《演员于是之》；而于是之名片上的"头衔"顺序则是"演员、北京人艺院长"。于是之这一举动更凸显了他那种平民意识，它们像于是之的一生一样，既平实、朴素，又令人回味无穷。

1984、1985 年前后，北京人艺三部话剧《小井胡同》《车站》《吴王金戈越王剑》一度被禁演。作为重要责任人，于是之所面临的困境既包括如何保护演出团队的积极性，又为院内外不喜欢他的人送去了诟病的口实。于是之夹在几种力量之间，感受到很深的惶恐与痛苦。咀嚼过这类痛苦，懂得这份痛苦的沉重，使于是之与很多"艺术家"区别开来。那既不是演员的痛苦，也不仅仅属于个人。这份痛苦，不仅来自他的性格气质，也来自他所处地位的高度敏感与自尊。

问题是还有另一面，用于是之自己的话说："我 1927 年出生，属兔，我胆儿小。"我们不必美化于是之，但就是这样一个胆小的于是之，在那些当口没有冷落他的团队和剧作家，而是理解、呵护着他们，这是需要操守的。

1985 年夏，于是之被获准乔迁至紫竹院的"高知楼"。这一年，他受到胡耀邦的召见，当时胡耀邦一共接见了四个人：于是之是戏剧家，其他三位分别是作家、评论家、文化界的领导干部。胡耀邦说："你们四个里边，要出一个文化部部长。"又说，"文化部部长这个官，说好干也好干，说不好干也不好干。当这个官儿外行不行，但书卷气太浓也不行"。胡耀邦讲完之后，作家推荐说："是之同志干吧，是之合适！"于是之匆忙推辞："哎，总书记说了，当这个官儿书卷气太浓了不行！我这人还是书生气太浓……"于是之后来跟人艺的同事说起这事："我呀，我还是在这儿眯着吧！这儿大不了就是一家剧院，弄好弄坏也就这么大的事儿了。真到文化部，事办不好，再给国家丢脸！再说，我这脾气这么不好，这儿上上下下好赖人们都知道。更何况，我在这儿，抓空儿备不住还能演点儿戏呢！"

于是之的书架上，有一幅莎士比亚小像，书房里高悬自书的"学无涯"三字。学历上，他初中毕业。骨子里，他是个勤奋的书生，狷介的诗人。他爱读书，话剧表演艺术家郑榕和演员杨立新都对他在百忙中逮着一点空就拿本书看的样子印象深刻。当了北京人艺的院长后，他最大的乐趣是读书，最大的苦恼是没有时间读书。他谈到与上代人艺前辈间的文化落差，说只有静下心来，向书本求教。

他的笔墨文章都好。舒乙说，于是之的文章极短，文笔精粹，立意奇妙，而且品位很高。于是之曾给苏叔阳朗读过他写的《祭母亲》，苏叔阳当时就流泪了。于是之最初练书法，是为了演好毛泽东，练的是毛体。后来临摹了许多帖，钟情于宋代米芾。他在书法上下过很大功夫，发展出一种似米非米的行书，笔意苍古，字体劲健。1979年，于是之陪著名表演艺术家赵丹去灯市西口丹柿小院看望老舍的夫人。交谈之中，一时兴起，三人展纸研墨。赵丹画了一张《柿柿如意图》，老舍夫人在枝头添上一只朱喙小鸟，于是之题字。画完后，赵丹发现自己没带印章，于是之立即说，我给你刻

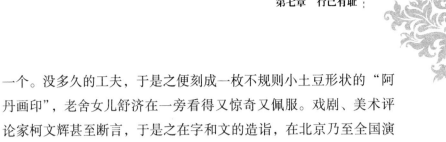

一个。没多久的工夫，于是之便刻成一枚不规则小土豆形状的"阿丹画印"，老舍女儿舒济在一旁看得又惊奇又佩服。戏剧、美术评论家柯文辉甚至断言，于是之在字和文的造诣，在北京乃至全国演员中可算得上首屈一指，只是他做得很随兴。柯文辉曾经张罗着把他的书法"推向社会"，但很快被他否定了。于是之对柯文辉说，上面号召要搞严肃文艺，卖字太不严肃了，穷就穷吧。剧评家杨景辉记得，有位大商人曾出高价请他写一块招牌，他谢绝了：我不卖字。通过这几件事，可见其书生的清高之气还在。

　　戏剧评论家童道明说，于是之是一个对为人禀性极为看重、对虚假和庸俗疾恶如仇的人。在他面前，你不敢装模作样和虚情假意。此言不虚。于是之有了大名声，还是只去街边小铺子剃头，把富贵名利看成风淡云清。他身上确有王利发、程疯子这些北京平民朴实无华的品质，同时又透露出一种他独有的不显山不露水的高贵和尊严。有一回，几位记者的报道称他为艺术大师，他听了两夜睡不踏实。他问老友，什么叫大师。人家告诉他，以前无古人的见识与胆识在艺术史上开宗立派的不朽人物，叫大师。于是之说，那请你写篇文章告诉大家，大师不能满街都是，我可不是什么大师，我只是个普通演员。

文化感悟

　　1. 古代思想家历来重"耻"，对"耻"也发表过很多有价值的议论。请从朱熹、陆九渊、龚自珍、章太炎这几位思想家中选一位，查找他们对于"耻"的论述，摘抄下来，体会它们的意思。

2. 耻感对于家庭来说有什么重要的意义？请谈谈你的看法。

3. 近日，有人在微博上贴出一幅刺目的照片："埃及卢克索神庙有着 3000 多年历史的浮雕上，刻画着汉字'丁××到此一游'。"发布者"无地自容"的心情，也成为很多网友的一致感受。你是如何看待这一"中国式游客行为"的？

第八章　包容会通

一　孔子论"和恕"

【原文选读】

子曰："君子和①而不同②，小人同而不和。"　（《论语·子路》）

子张问于孔子曰："何如斯③可以从政矣？"子曰："尊五美，屏④四恶，斯可以从政矣。"子张曰："何谓五美？"子曰："君子惠而不费，劳而不怨，欲而不贪⑤，泰⑥而不骄，威而不猛。"……子张曰："何谓四恶？"子曰："不教而杀谓之虐；不戒视成谓之暴；慢令⑦致期⑧谓之贼；犹之与人也，出纳⑨之吝谓之有司⑩。"

（《论语·尧曰》）

子贡问曰："有一言而可以终身行之者乎？"子曰："其'恕'乎！己所不欲，勿施于人。"　（《论语·卫灵公》）

子曰："参⑪乎，吾道一以贯之。"曾子曰："唯。"子出。门人问曰："何谓也？"曾子曰："夫子之道，忠恕而已矣！"

(《论语·里仁》)

注释：

①和：不同的东西和谐地配合叫作和，各方面之间彼此不同。

②同：相同的东西相加或与人相混同，叫作同，各方面之间完全相同。

③斯：就，才。

④屏：通"摒"，除去，排除，摒弃。

⑤欲而不贪：指其欲在实行仁义，而不在贪图财利。

⑥泰：安定平和。

⑦慢令：命令松懈。

⑧致期：限期紧迫。

⑨出纳：出和纳（入）本是两个意义相反的词，这里是偏义复词，只有"出"的意思。

⑩有司：古代管事者的称呼，职务卑微，自当拘谨，这里用来代指小气。

⑪参：曾参。

【文意疏通】

孔子说："君子讲求和谐而不是等同，小人只求完全一致，而不讲求和谐。"

子张问孔子说："怎样才可以治理政事呢？"孔子说："尊重五种美德，排除四种恶习，这样就可以治理政事了。"子张问："五种美德是什么？"孔子说："君子要给百姓以恩惠而自己却不须破费，使百姓劳作而不使他们怨恨，有欲望却不贪心，庄重而不傲慢，威严而不凶猛。"……子张问："什么叫四种恶习呢？"孔子说："不经教化便加以杀戮叫作虐；不加告诫便要求成功叫作暴；政令松懈

而限期紧迫叫作贼；同样是给人财物，却出手吝啬，叫作小气。"

子贡问孔子："有没有一个字可以终身奉行的呢？"孔子回答说："那就是'恕'吧！自己不愿意的，不要强加给别人。"

孔子说："曾参啊，我讲的道是由一个基本的思想贯彻始终的。"曾子说："是。"孔子出去之后，同学便问曾子："这是什么意思？"曾子说："老师的道，就是忠、恕罢了。"

【义理揭示】

孔子对"和"论述，主要集中在"和合"思想上，他既看到了不同人或事物之间的差别，又主张强调和合不同的人和事物，并通过互补和济达到统一和谐；同时在为官从政上提出"五美四恶"的主张，其中包含有丰富的"民本"思想、公仆观念和表率意识。"忠恕之道"可以说是孔子首创的，这个思想对后世影响很大。"忠恕之道"被孔子当成是处理人际关系的重要准则，将心比心、推己及人是其最主要的表现特征。这样，就可以消除别人对自己的怨恨，缓和人际关系，安定社会秩序。

二　孟子议"和恕"

【原文选读】

老吾老，以及人之老；幼吾幼，以及人之幼。① 天下可运于掌②。《诗》③云："刑④于寡妻⑤，至于兄弟，以御⑥于家邦。"言举斯心加诸彼而已。故推恩足以保四海，不推恩无以保妻子。古之人所以大过人者无他焉，善推其所为而已矣。　　（《孟子·梁惠王上》）

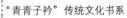

万物皆备于我矣。反身而诚，乐莫大焉。强恕而行⑦，求仁莫近焉。

（《孟子·尽心上》）

注释：

①老吾老……幼吾幼：第一个"老"和"幼"都作动词用。老，尊敬。幼，爱护。

②运于掌：在手心里运转，比喻治理天下很容易。

③《诗》即《诗经·大雅·思齐》，以下三句引自于此。

④刑：通"型"，指树立榜样，做示范。

⑤寡妻：国君的正妻。

⑥御：治理。

⑦强恕而行：尽力按恕道办事。

【文意疏通】

尊敬自己的老人，并由此推广到尊敬别人的老人；爱护自己的孩子，并由此推广到爱护别人的孩子。做到了这一点，整个天下便会像在自己的手掌心里运转一样容易治理了。《诗经》说："先给妻子做榜样，再推广到兄弟，再推广到家族和国家的治理。"说的就是要把自己的心推广到别人身上去。所以，推广恩德足以安定天下，不推广恩德连自己的妻子儿女都保不了。古代的圣贤之所以能远远超过一般人，没有别的什么，不过是善于推广他们的好行为罢了。

万物我都具备了。反躬自问诚实无欺，便是最大的快乐。尽力按恕道办事，便是最接近仁德的道路。

【义理揭示】

　　孟子很少讲到和恕，但他继承了孔子推己及人的思想。他认为应该用道德的力量来统一天下，以仁爱来治理百姓。"老吾老，以及人之老；幼吾幼，以及人之幼"的社会理想与《礼记》中对大同之世的理解——"人不独亲其亲、不独子其子，使老有所终，壮有所用，幼有所长，鳏寡孤独废疾者皆有所养"是一脉相承的。同时，他主张人如果不懈地执行忠恕之道，就会很快地达到仁的境界。

三　曾国藩说"敬恕"

【原文选读】

　　至于做人之道，圣贤千言万语，大抵不外敬恕二字。"仲弓问仁"一章，言敬恕最为亲切。自此以外，如"立则见其参于前也，在舆则见其倚于衡也"[①]；"君子无众寡，无小大，无敢慢"，斯为"泰而不骄"；"正其衣冠，俨然人望而畏"，斯为"威而不猛"：是皆言敬之最好下手者。孔言"欲立立人，欲达达人"[②]；孟言"行有不得，反求诸己"[③]，"以仁存心，以礼存心"，"有终身之忧，无一朝之患"：是皆言恕之最好下手者。尔心境明白，于恕字或易著功，敬字则宜勉强行之，此立德之基，不可不谨。

　　　　　　　　　　　　　　　　（选自清·曾国藩《曾国藩家书》）

注释：

　　①立则见参于前也，在舆则见其倚于衡也：这是《论语·卫灵公》中的

话。参，本意为直、高，这里引申为像一个高大的东西直立在眼前。舆，车。倚，依靠在物体或人身上。衡，车辕前的横木。

②欲立立人，欲达达人：原文出自于《论语·雍也》，"已欲立而立人，已欲达而达人"。

③行有不得，反求诸己：这是《孟子·离娄上》中的话，意思是说，如果事情进行得不顺利，就要返回来从自身找原因。

【文意疏通】

至于做人的法则，圣人贤能有千万种说法，大都离不开敬恕两个字。《论语·颜渊》中"仲弓问仁"一章，讲敬恕最为贴切，除此之外，像"站立着就像看到忠信笃敬耸立在眼前，坐在车上就像看到忠信笃敬刻在车前的横木上"；"君子待人，无论他们的权势大小，年龄大小，都不敢怠慢"，这就是"内心安宁而不盛气凌人"；"使自己的衣服和帽子穿戴得整齐端正，人们见到他就会油然产生敬意"，这就是人们说的"有威严却不严厉"：这都是说"敬"的最好做的地方。孔子说，"自己想要在世上立足，也得让他人在世上立足，自己想要事情进行得顺畅，也得让他人的事顺畅"；孟子说，"如果事情进行得不顺利，就要返回来从自身找原因"，"内心怀有仁和礼"，"有长期的忧患意识，却没有突然出现灾难"：这是说"恕"的最好做的地方。你的内心光明磊落，对于"恕"字或许容易做到，"敬"字就要尽力去做到，这是立德的基础，不能不谨慎。

【义理揭示】

曾国藩继承了孔孟的和恕思想，认为做人之道，说到底不外"敬恕"二字；他教育子弟要"欲立立人，欲达达人"，即要设身处地推己及人，为人、对人均做到宽厚、宽容、忍让。曾国藩不但教导子弟们要懂得"敬恕"，要懂得不可骄傲凌人，而且要求他们切实行之。这种教人敬恕、宽厚、磊落的家风，值得后人学习和仿效。

四　鲍叔大度荐管仲

【原文选读】

管仲夷吾①者，颍上人也。少时常与鲍叔牙游，鲍叔知其贤。管仲贫困，常欺②鲍叔，鲍叔终善遇之，不以为言。已而鲍叔事齐公子小白，管仲事公子纠。及小白立为桓公，公子纠死，管仲囚焉。鲍叔遂进③管仲。管仲既用，任政于齐，齐桓公以霸，九合诸侯，一匡天下，管仲之谋也。

管仲曰："吾始困时，尝与鲍叔贾④，分财利多自与，鲍叔不以我为贪，知我贫也。吾尝为鲍叔谋事而更穷困，鲍叔不以我为愚，知时有利不利也。吾尝三仕三见逐于君，鲍叔不以我为不肖，知我不遭时也。吾尝三战三走，鲍叔不以我为怯，知我有老母也。公子纠败，召忽⑤死之，吾幽囚受辱，鲍叔不以我为无耻，知我不羞小节而耻功名不显于天下也。生我者父母，知我者鲍子也。"鲍叔既进管仲，以身下之⑥。子孙世禄于齐，有封邑者十余世，常为

名大夫。天下不多⑦管仲之贤，而多鲍叔能知人也。

（选自西汉·司马迁《史记·管晏列传》）

注释：

①管仲夷吾：管仲字仲，名夷吾。

②欺：指多占便宜。

③进：荐举。

④贾：做买卖。

⑤召忽：人名。辅助公子纠兵败而死。

⑥以身下之：把自己置于管仲之下。

⑦多：赞扬。

【文意疏通】

管仲，名夷吾，是颍上人。他年轻时曾与鲍叔牙交往，鲍叔牙知道他很有才能。管仲生活贫困，常常占鲍叔牙的便宜，但鲍叔牙始终对他很好，不把这种事对外说。后来鲍叔牙侍奉齐国的公子小白，管仲侍奉公子纠。等到小白立为齐桓公，公子纠被杀死，管仲也被囚禁起来了。鲍叔牙于是向齐桓公推荐管仲。管仲被任用以后，执掌齐国的政事，齐桓公的霸业因此得以成功，多次会集诸侯，统一天下，这都是管仲的计谋。

管仲说："我当初不得志的时候，曾经和鲍叔牙一起经商，分财利时自己常常多拿一些，但鲍叔牙并不认为我贪财，知道我是由于生活贫困的缘故。我曾经为鲍叔牙办事，结果使他更加困窘，但鲍叔牙并不认为我愚笨，知道这是由于时机有利和不利的缘故。我曾经多次做官，多次都被君主免职，但鲍叔牙并不认为我没有才干，知道我是由于没有遇到好时机。我曾多次作战，多次都战败逃

跑，但鲍叔牙并不认为我胆小，知道这是由于我还有老母的缘故。公子纠失败，召忽为他而死，我被囚禁起来受屈辱，但鲍叔牙并不认为我不知羞耻，知道我不拘泥于小节，而以功名不显扬于天下为羞耻。生我的是父母，但了解我的却是鲍叔牙啊！"鲍叔牙在推荐管仲辅佐齐桓公之后，甘愿身居管仲之下。鲍叔牙的子孙世代都在齐国享受俸禄，十几代人都得到了封地，往往都成为了有名的大夫。所以天下人不称赞管仲的贤能，却称颂鲍叔牙能够识别人才。

【义理揭示】

管仲之所以能成就功名，主观上当然源于他自己的贤能，但与鲍叔牙对他的赏识与推荐，尤其是鲍叔牙的大度胸襟是分不开的。齐国能奠定稳固的基业，和鲍叔牙、齐公子荐贤用贤不避亲、不避敌是分不开的，管鲍之交由此也成为千古美谈。看来，国家要招贤纳士，不仅需要任人唯贤、开明大度的国君，同样需要有胸襟有气度、善于举荐贤者并"以身下之"的大臣。

五　白圭经商有所长

【原文选读】

白圭，周①人也。当魏文侯时，李克务尽地力②，而白圭乐观时变，故人弃我取，人取我与。夫岁熟取谷，予之丝漆；茧出取帛絮，予之食③……能薄饮食④，忍嗜欲，节衣服，与用事⑤僮仆同苦乐，趋时⑥若猛兽鸷鸟之发。故曰："吾治生产⑦，犹伊尹、吕尚⑧之谋，孙、吴⑨用兵，商鞅行法是也。是故其智不足与权变⑩，勇不足以决断，仁不能以取予，强不能有所守，虽欲学吾术，终不告之矣。"盖天下言治生祖⑪白圭。白圭其有所试矣，能试有所长，非苟而已也⑫。

（选自西汉·司马迁《史记·货殖列传》）

注释：

①周：指周朝都城洛邑（今河南洛阳）。

②李克务尽地力：李克，原书误，应为李悝。魏国国相李悝致力于充分发挥土地的生产能力。务，致力于。尽地力，竭力开发土地资源。

③食：粮食。

④薄饮食：不讲究吃喝。薄，轻视。

⑤用事：手下人。

⑥趋时：追逐有利时机。

⑦生产：经商致富之事。

⑧伊尹、吕尚：伊尹，为商朝大臣，帮助汤攻灭夏桀，以后又辅佐汤的子孙。吕尚，曾辅助周武王灭商，封齐，是齐国的始祖。

⑨孙、吴：指春秋时军事家孙武、战国军事家吴起。

⑩不足与权变：不够用来随机应变。与，通"以"。

⑪祖：效法。

⑫非苟而已也：并不是马虎随便行事。苟，不严肃。

【文意疏通】

　　白圭是西周洛阳人。当魏文侯在位时，李悝正致力于开发土地资源，而白圭却喜欢观察市场行情和年景丰歉的变化。所以当货物过剩低价抛售时，他就收购；当货物不足高价索求时，他就出售。谷物成熟时，他买进粮食，出售丝、漆；蚕茧结成时，他买进绢帛棉絮，出售粮食……他能够不讲究吃喝，控制嗜好，节省穿戴，与雇用的奴仆同甘共苦，捕捉赚钱的时机就像猛兽猛禽捕捉食物那样迅捷。因此他说："我干经商致富之事，就像伊尹、吕尚筹划谋略，孙子、吴起用兵打仗，商鞅推行变法那样。所以，如果一个人的智慧够不上随机应变，勇气够不上果敢决断，仁德不能够正确取舍，强健不能够有所坚守，虽然他想学习我的经商致富之术，我终究不会教给他的。"因而，天下人谈论经商致富之道都效法白圭。白圭大概是有所尝试，尝试而能有所专长，这不是马虎随便行事就能成的。

【义理揭示】

在白圭看来，经商有高深的学问，既要刻苦耐劳，又要抓住时机；既要有智有勇，还要有仁德，其见识又要在一般人之上，因此平庸之辈是无法从事这项活动的。白圭的这种见识，是一种权衡时变的开阔眼界，是一种果敢决断的融会贯通，是一种"商"亦有道的"商德"。

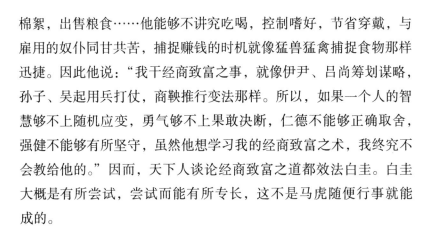

六　蒙正不喜记人过

【原文选读】

吕蒙正相公①不喜记人过。初参知政事②，入朝堂，有朝士③于帘内指之曰："是小子亦参政耶?"蒙正佯④为不闻而过之。其同列⑤怒，令诘其官位姓名，蒙正遽止之。罢朝，同列犹不能平，悔不穷问。蒙正曰："一⑥知其姓名，则终身不能复忘，固不如无知也。不问之，何损？"时人皆服其量。

（选自北宋·司马光《涑水记闻》）

注释：

①吕蒙正相公：吕蒙正，字圣功，北宋河南洛阳人，曾三次任宰相，为人敢直言。相公，古代对宰相的称呼。

②参知政事：官名，相当于副宰相。

③朝士：有资格入朝廷的中央官员。

④佯：假装，佯装。

⑤同列：同在朝廷做官的同事。

⑥一：一旦。

【文意疏通】

吕蒙正宰相不喜欢记着别人的过失。刚担任副宰相，进入朝堂时，有一位中央官吏在朝堂帘内指着吕蒙正说："这小子也能参与谋划政事吗？"吕蒙正装作没有听见，直接走过去了。与吕蒙正同在朝廷的同僚非常愤怒，并追问那个人的官位和姓名。吕蒙正急忙制止，不让那位同僚查问。退朝以后，那些与吕蒙正同在朝班的同僚仍然愤愤不平，后悔当时没有彻底追究。吕蒙正则说："一旦知道那个人的姓名，就终生不能再忘记，因此还不如不知道那个人的姓名。不去追问那个人的姓名，对我来说有什么损失吗？"当时在场的人都佩服吕蒙正的器量。

【义理揭示】

对某些器量狭小的人来说，别人当着自己的面在朝堂上讥讽自己，或许会表现出"是可忍，孰不可忍"的愤慨，然而吕蒙正却置

之不理，一笑了之，这是有修养的表现，更是气度宽宏的表现。俗话说，"宰相肚里能撑船"，它启示为政者、为官者器量一定要大。看来，器量的大小也是衡量为官者执政能力高低的一把重要标尺。

七　太宗"五事"治天下

【原文选读】

上①御翠微殿，问侍臣曰："自古帝王虽平定中夏②，不能服戎狄③，朕才不逮古人，而成功过之，自不谕其故。诸公各率意④以实言之。"群臣皆称："陛下功德如天地，万物不得而名言⑤。"上曰："不然，朕所以能及此者，止由五事耳：自古帝王多疾⑥胜己者，朕见人之善，若己有之；人之行能⑦，不能兼备，朕常弃其所短，取其所长；人主往往进贤则欲置诸怀，退不肖⑧则欲推诸壑，朕见贤者则敬之，不肖者则怜之，贤、不肖各得其所；人主多恶正直，阴诛显戮⑨，无代无之，朕践阼⑩以来，正直之士比肩于朝，未尝黜责⑪一人；自古皆贵中华，贱夷狄，朕独爱之如一，故其种落皆依朕如父母。此五者，朕所以成今日之功也。"顾谓褚遂良曰："公尝为史官，如朕言，得其实乎？"对曰："陛下盛德不可胜载，独以此五者自与⑫，盖谦谦⑬之志耳。"

（选自北宋·司马光《资治通鉴·唐纪》）

注释：

①上：指唐太宗。

②中夏：中原。

③戎狄：泛指少数民族。

④率意：任意。

⑤不得而名言：无法用语言来表达。

⑥疾：通"嫉"。

⑦行能：德行与才能。

⑧不肖：缺乏才德的人。

⑨显戮：公开杀戮。

⑩践阼（zuò）：登上王位。

⑪黜责：贬谪责罚。

⑫自与：自己认可。

⑬谦谦：谦虚谨慎。

【文意疏通】

唐太宗到翠微殿，问侍臣："自古以来的帝王，虽平定中原华夏，但不能使西北方少数民族臣服。我的才能不超过古代帝王，而成绩比他们大，不知什么缘故。请你们坦率地说。"群臣都说："陛下功德像天地一样广大，无法用言语来表达。"唐太宗说："不能这么讲。我之所以有如此功劳，只是由于做到五条罢了：一是自古帝王多忌妒胜过自己的人，我见别人的优点，把它当作自己的优点对待，好像自己的优点一样。二是每人的行为能力，不能十全十美，我抛弃他的短处，取用他的长处。三是一般的君主，看到有才的人就想把他抱在怀中，看到缺乏才能的人就想把他推到深渊之中，而我见到贤才就尊敬他，见到缺乏才能的人就从爱护的角度教育他，使有才能和没有才能的人都得到合适的位置。四是君主多半不喜欢别人当面批评，对直言者暗中加害或公开杀戮，没有哪个朝代不这样。而我即位以来，直言的人在朝中到处都是，我不曾贬谪责罚一

个人。五是传统以汉族为贵，歧视少数民族，而我独一视同仁加以爱护，所以少数民族依靠我，像依靠父母一样。以上五条，是我能有今天成就的原因。"唐太宗回头看看褚遂良，对他说："您曾经是史官，像我所述，是真实的吗？"褚遂良回答说："陛下的盛大功德无法全部记载，你自己只认可这五点，是多么谦虚谨慎啊！"

【义理揭示】

　　唐太宗说的"五事"治天下，虽不免有些自诩的成分，但他在古代帝王中毕竟还是个比较开明、有远见的人。尤其是他谈的第五点——对汉族与外族"爱之如一"，故民族关系比较和睦。他将文成公主嫁给吐蕃松赞干布，促进藏族经济文化的发展，加强汉藏两族的亲密友谊，便是一个明证。足见胸怀宽广、眼界开阔的国君是一个国家、民族繁荣发展的强大推动力。

八　沈括博学著笔谈

【原文选读】

　　（沈）括，字存中，以父任为沭阳主簿……擢进士第，编校昭文①书籍……迁……提举司天监②，日官③皆市井庸贩，法象图器，大抵漫④不知。括始置浑仪、景表、五壶浮漏……后皆施用……括博学善文，于天文、方志、律历、音乐、医药、卜算，无所不通，皆有所论著。又纪⑤平日与宾客言者为《笔谈》，多载朝廷故实、耆旧⑥出处，传于世。

（选自《宋史·沈括传》）

注释：

①昭文：官署名。唐置修文馆于门下省，后改为弘文馆，后因避太子（孝敬皇帝李弘）讳改称昭文馆，掌校勘图籍。

②司天监：官名，监管观察天文，并推算历法。

③日官：古代掌天象历数的官职。

④漫：全都。

⑤纪：记载。

⑥耆旧：年高望重者。

【文意疏通】

沈括，字存中，由于父亲的官位，他享受朝廷恩荫，担任了沭阳县主簿的官职。沈括考中进士后，被派去编集校对昭文馆的书籍。后来升为提举司天监，当时掌管天文历算的官员都是些碌碌无为的人，对于天体的现象、图像以及观象的器械几乎全然不知。沈括设置了浑仪、景表、五壶浮漏，以后这些都被使用……沈括学问广博，善于写文章，对于天文、方志、律历、音乐、医药、卜算，没有不通晓的，而且都有论述和著作。他又把平时和宾客谈论的事记录下来，写成《笔谈》一书，记载了许多朝廷中的典故、事实，以及有声望的老臣的情况，流传于世。

【义理揭示】

《梦溪笔谈》被誉为中国科学史上的坐标，是沈括一生的社会和科学实践活动的总结。沈括的科学成就，不仅源于他对自然现象的深入观察，探求其中的科学道理，提出对事物发展变化规律性的解释，更源自他对天文、历法、数学、物理、化学、生物、地理等

各类自然科学知识的融会贯通。沈括是我国古代科学家博学会通的典范。

九 东吴四杰相汲引

【原文选读】

孙吴奄有江左①，亢衡中州②，固本于策、权③之雄略，然一时英杰如周瑜、鲁肃、吕蒙、陆逊四人者，真所谓社稷心膂④，与国为存亡之臣也。自古将帅，未尝不矜⑤能自贤，疾⑥胜己者，此诸贤则不然。孙权初掌事，肃欲北还，瑜止之，而荐之于权曰："肃才宜佐时，当广求其比⑦，以成功业。"后瑜临终与权笺曰："鲁肃忠烈，临事不苟，若以代瑜，死不朽矣！"肃遂代瑜典⑧兵。吕蒙为寻阳令，肃见之曰："卿今者才略非复吴下阿蒙。"遂拜蒙母，结友而别。蒙遂亦代肃。蒙在陆口，称疾还，权问："谁可代者？"蒙曰："陆逊意思深长⑨，才堪负重，观其规虑，终可大任，无复是过也。"逊遂代蒙。四人相继，居西边三四十年，为威名将，曹操、刘备、关羽皆为所挫。虽更相汲引⑩，而孙权委心听之，吴之所以为吴，非偶然也。

（选自南宋·洪迈《容斋随笔》）

注释：

①孙吴奄有江左：孙策、孙权建立的吴国占有江东地区。奄，覆盖，引申为占领。

②亢衡中州：跟中原地区的曹操对抗。

③策、权：指孙策、孙权兄弟俩。

④社稷心膂（lǚ）：国家的心腹与梁柱。心膂，心与脊骨。

⑤矜：夸耀。

⑥疾：通"嫉"，妒忌。

⑦广求其比：广泛地物色和他类似的人。比，类似。

⑧典：掌管。

⑨意思深长：考虑问题深刻有远见。

⑩更相汲引：轮流互相推荐。

【文意疏通】

　　孙策、孙权建立的吴国之所以能占领在江东地区，跟中原地区的曹操对抗，根本在于孙策、孙权的雄才大略。当时东吴的英杰如周瑜、鲁肃、吕蒙、陆逊四个人，是国家的心腹与梁柱，都是能国家共存亡的大臣。自古将帅，大都夸耀自己是贤能之人，害怕有胜过自己的，但是上面这些贤能的人则不是这样。孙权刚执掌政权，鲁肃想回到北方去投靠曹操，周瑜制止了他，而向孙权推荐："鲁肃才能应当辅佐时局，应当广泛地物色和他类似的人，来完成雄功伟业。"之后周瑜临终给孙权写信推荐："鲁肃忠诚刚烈，处理事情不随便，如果能用他来代替我，我死而无悔！"于是鲁肃代周瑜治军。吕蒙担任寻阳县县令，鲁肃见了他说："你现在的才略不再是当年吴地阿蒙了。"鲁肃就拜了吕蒙的母亲，结交为好友而告别。吕蒙后来也替代了鲁肃执掌军权。吕蒙在陆口，称病辞职要回乡，孙权问："谁可代替你？"吕蒙说："陆逊考虑问题深刻有远见，有承担重任的能力，观察他的规划与思虑，他可以担当大任，没有能超过他的人了。"陆逊于是就代替了吕蒙。四人相连继任，在西边三四十年，成为了有威名的将领，曹操、刘备、关羽皆曾被他们打败。虽然他们轮流互相推荐引见，但孙权却能放心听从他们，东吴之所以成为吴国，并非是偶然。

【义理揭示】

论人才，不能只看才能与技能，还要看他的品性。东吴四英杰均有治军之才，更重要的是他们品性高尚，不会"矜能自贤，疾胜己者"，公而忘私地推荐他人。同样，作为国君和首领，孙权能"委心听之"，用人而不疑，体现了一位统治者非凡的才能与气度。对于国家的治理，君臣之间能互相信任、臣子之间能"更相汲引"，又何尝担心不能长治久安呢？

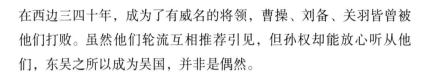

十　郑和西洋播文明

【原文选读】

郑和，云南人，世所谓三保太监者也。初事燕王于藩邸①，从起兵有功。累擢太监。成祖疑惠帝②亡海外，欲踪迹之，且欲耀兵异域，示中国富强。永乐三年六月，命和及其侪③王景弘④等通使西洋⑤。将士卒二万七千八百余人，多赍⑥金币。造大舶，修⑦四十四丈、广十八丈者六十二。自苏州刘家河⑧泛海至福建，复自福建五虎关⑨扬帆，首达占城⑩，以次遍历诸番国，宣天子诏，因给赐其君长，不服则以武慑之。五年九月，和等还，诸国使者随和朝见。和献所俘旧港⑪酋长。帝大悦，爵赏有差。旧港者，故三佛齐国也，其酋陈祖义，剽掠商旅。和使使招谕，祖义诈降，而潜谋邀劫。和大败其众，擒祖义，献俘，戮于都市。

……

和经事三朝，先后七奉使，所历……凡三十余国。所取无名宝物，不可胜计，而中国耗废亦不赀⑫。自宣德以还，远方时有至者，要不如永乐时，而和亦老且死。自和后，凡将命海表者，莫不盛称和以夸外番，故俗传三保太监下西洋，为明初盛事云。

（选自《明史·郑和传》）

注释:

①藩邸：即燕王府邸。朱棣是明太祖朱元璋的第四个儿子，明初被封为燕王。

②惠帝：朱允炆，朱元璋的皇太孙，朱棣的侄子。

③侪（chái）：同类的人。

④王景弘：又名王三保、太监。

⑤西洋：明时以爪哇以西的海洋及沿海的陆地区域为西洋。

⑥赍（jī）：带着。

⑦修：长。

⑧刘家河：今江苏太仓县刘家港。

⑨五虎关：在今福建闽江口。

⑩占城：今越南南部。

⑪旧港：在今印度尼西亚苏门答腊东北部的巨港一带。

⑫赀（zī）：计量。

【文意疏通】

郑和，云南人，也就是人们所说的三保太监。还是在明成祖（朱棣）当燕王时，他就在燕王府侍奉燕王，跟随燕王起兵有功，

经多次提拔任太监。明成祖怀疑惠帝（朱允炆）逃亡到海外，打算寻找他，同时向外国炫耀明朝的武力，显示中国的富强。明永乐三年六月，命令郑和与另一同伴王景弘等出使西洋。带领士卒27800余人，给了他们很多钱物。建造了大船，长四十四丈、宽十八丈的船有62艘。从苏州刘家河渡海到福建，又从福建五虎关扬帆出发，首先到达了占城，依次走遍了各国，向他们宣读天子的诏书，并赏赐和馈赠当地的君主、首领，有不降服的就用武力镇压。明永乐五年九月，郑和等人回到明朝，各国派遣的使者也跟随郑和的船只来朝见明成祖。郑和献上俘虏的旧港酋长。明成祖非常高兴，对出海者都进行了不同程度的封赏、赐爵。旧港，就是从前的三佛齐国，这里的酋长陈祖义，抢掠过往的商客。郑和派人去宣读口谕招抚他，陈祖义佯装投降，却暗地策划抢劫。郑和打败了他们，生擒了陈祖义，献给朝廷，在京城的集市处死了。

……

郑和共侍奉了三代皇帝，先后七次奉命出使西洋，经过了30多个国家。带回来的没有名字的宝物，数不胜数，但是中国耗费的钱财也很多。从明宣德以后，远方的国家还经常有派使者来的，但是远远不如明永乐年间，而郑和也老了快要去世。从郑和以后，凡是奉命出使海外的，没有不极力夸赞郑和来向外国炫耀的，所以世上流传的三保太监下西洋，就是明朝初期的盛事。

【义理揭示】

郑和七下西洋不仅是世界航海史上的壮举，也在经济、文化、外交上产生了深远影响，不仅扩大了海外贸易，带动了中外经济交流，还传播了中华文明，促进了中外文化的交流和进步。郑和既是

中国人的骄傲，也是全人类的自豪。郑和下西洋之所以成为后世极为珍贵的精神财富，在于其展现出了中华民族开拓进取的豪迈气概和海纳百川的胸怀抱负。

十一 国父笃志纾时艰

【原文选读】

中国积弱①，至今极矣！上则因循苟且，粉饰虚张；下则蒙昧无知，鲜能远虑。堂堂华国，不齿于列邦；济济衣冠，被轻于异族。有志之士，能不痛心！夫以四百兆②人民之众，数万里土地之饶，本可发奋为雄，无敌于天下；乃以政治不修，纲维败坏……民不聊生，呜呼惨哉！方今强邻环列，虎视鹰瞵③，乃垂涎我中华五金之富，物产之多。蚕食鲸吞，已见效于踵接；瓜分豆剖，实堪虑于目前。呜呼危哉！有心者不禁大声疾呼，亟拯斯民于水火，切扶大厦之将倾……用特集志士以兴中④，协贤豪而共济，仰诸同志，盍⑤自勉旃⑥。

（选自清·孙中山《孙中山文集》）

注释：

①积弱：长期衰弱。

②四百兆：4亿。当时人口约4亿。

③瞵（lín）：注视。

④用特集志士以兴中：因此特地集合众人来振兴中华。

⑤盍：何不。

⑥旃：通"之"。

【文意疏通】

中国的衰弱，不是一天两天了。在上掌权的因循守旧，在下的百姓则蒙昧无知，很少人能够思考长久的将来。堂堂中国，近年来国家屡屡受辱，人民亦被轻视。有志气的人，怎能不表示愤慨！中国有着4亿多的人口，数万里的富饶土地，本来可以发奋图强，无敌于天下；竟然因为政治混乱，使天下百姓遭殃，使国家一蹶不振，如此严重。如今列强环绕中国，像老虎老鹰一样看着中国，垂涎于中国矿产的丰富，物产的富饶。蚕食鲸吞的情况，一个接着一个仿效；像瓜分豆剖的情形，眼前更令人忧虑。有救国之心的人不禁大声疾呼，把将要倾倒的大厦扶起来……因此特地召集有志之才来振兴中华，协同众位贤才豪杰来渡过这些难关，仰仗众位同志，何不各自勉励。

【义理揭示】

孙中山以其开阔的眼界看到了中国近代积贫积弱、"辱国丧师"的现状，因而纵论天下大事和民族存亡之理，并大声疾呼有识之士同舟共济、化解时局的艰难。国运维艰之时，需要有识之士放宽心胸，容纳天下事物；平心静气，分析天下事情；潜心钻研，纵观天下事理；坚定信念，应付天下变化；奔走呼号，共纾天下患难。

文化倾听

　　包容会通是中国传统文化中的重要范畴。它的内涵比较丰富，既包括包容异己、胸怀宽广、厚德载物的为人德行，又包括视野开阔、兼收并蓄、融会贯通的处世眼光。"包容会通"四个字高度概括了中国人几千年以来形成的人格上的襟怀气度和生存的智慧谋略，这种气度和智慧熠熠生辉，成为中华民族重要的人文精神和自强不息、积极进取等价值取向的重要源泉。

　　包容会通思想中包容异己、胸怀宽广、厚德载物的成分和中国传统儒家所倡导的"和""恕"文化一脉相通。"和"的最初义即和谐、协调，"和"和"合"的联用始于春秋战国时期，二者一同构成了"和合"这一概念，从此各典籍中均多见"和合"一词。《国语》中论述了"和""同"的不同："夫和实生物，同则不继……若以同裨同，尽乃弃矣。"意思是万物和谐协调则生万物，完全相同的东西会阻碍事物的生长。换句话说，和合不是同等划一，而是包含了不同事物的差异，世界万物只有多样性的统一，才能生生不息，才能进步发展。儒家学派创始人孔子以"和"作为"礼"的核心，同时也是为人处世的核心。"礼之用，和为贵"是孔子思想的重要内容，他认为"和"是治国为政和宗教礼仪的价值标准，同时也是为人处世、处理人我关系时应遵循的准则。他既看到了不同人或事物之间的差别，又主张强调和合不同的人和事物，并通过互补和济达到统一和谐。"恕"也是中国传统儒家所倡导的重要伦理，其核心思想是待人以宽容仁爱之心。恕，是"如"

"心"的合字，即人心如己心，己心如人心，是儒家思想所推崇的"推己及人"，用自己的好恶去推想别人的好恶，这是仁的核心和出发点，所以《说文解字》上说"恕，仁也"。"忠恕之道"可以说是孔子首创的，这个思想对后世影响很大。"忠恕之道"被孔子当成是处理人际关系的重要准则，将心比心、推己及人是其最主要的表现特征。这样，就可以消除别人对自己的怨恨，缓和人际关系，安定社会秩序。

以上所选"鲍叔大度荐管仲""蒙正不喜记人过""东吴四杰相汲引"的故事，有的表现了朋友之间不计前嫌的气度胸襟，有的赞扬了国君任人唯贤的开明大度，有的彰显了君臣之间的互相信任、臣子之间的"更相汲引"。这些故事从不同侧面诠释了包容异己、胸怀宽广、厚德载物的德行，成为传诵千古的美谈。

包容会通思想的另一侧面，是视野开阔、兼收并蓄、融会贯通的处世眼光，这也是中国文化融合精神的表现。由于中国地理特征为相对封闭的内陆区域，加上文化的孤立发展和中国人的内敛性格，中国传统文化具有一定的内向性、封闭性和保守性，但中国文化又有着它与生俱来的开放性和包容性。叶小文先生指出："（中华民族）很少发生文明之间的互相蔑视、彼此践踏，较多的是互相尊重、彼此欣赏；很少文明之间的以大欺小，弱肉强食，较多的是有容乃大、海纳百川；很少文明之间的区分优劣、生存竞争，较多的是互相平等、和合共生；很少文明之间的孤芳自赏，一花独放，较多的是互补共荣、百花齐放。"中国历史上几次民族的融合和文化的交流便是一个有力的明证。

以上所选故事"太宗'五事'治天下"，唐太宗对汉族与外族的"爱之如一"，并将文成公主嫁给松赞干布来促进藏族经济文化的发展，加强汉藏两族的亲密友谊，体现了一国之君的开阔眼界和阔大胸襟；"郑和西洋播文明"里中国人的脚步已经跨出国界，不仅扩大了海外贸易，还传播了中华文明，促进中外文化的双向交流。这些故事和"昭君出塞""张骞通西域""玄奘西天取经""鉴真东渡日本"等故事一起构成了传统文化"包容会通"特色的亮丽风景线。包容会通用于经商，体现为一种有智有勇有仁德、权衡时变、开阔眼界和果敢决断的融会贯通，于是司马迁记载了白圭的经商有道；包容会通用于科学研究，则表现为博学多才，对自然现象的关注，对事物发展规律的探究，沈括著写《梦溪笔谈》便是一个典范；当然，国运维艰之时，包容会通则呼唤睁眼看世界的有识之士容纳天下事物、分析天下事情、纵观天下事理、应付天下变化，进而思求救国策略，共纾天下患难，以上所选"国父笃志纾时艰"便是其中典型一例。

两千多年来，包容会通的文化传统在历史的演进过程中不断丰富发展，成为国家统一和民族团结的源泉，同时也促进了社会的安定、人才的培育和文明风尚的养成。直到今天，贯穿其中的宽容和谐、厚德载物、海纳百川、兼容并包、自强不息等人文精神和价值取向，仍具有重要的现实意义。

文化传递

蔡元培是一位以文化教育为职业志向的民主革命家，他一生致力于在中国建立近代意义上的教育制度和教育体系。他敏锐地发现了文理分科的流弊，因而"破学生专己守残之陋见"，一再强调要

把文与理沟通起来，这种"融通文理"的教育思想，正是蔡元培兼收并蓄、融会贯通思想的表现。读《蔡元培的"融通文理"思想》一文，对于身处基础教育的学子不无启迪。

哲学家冯友兰曾说，蔡元培是中国近代"最大的教育家"。这"最大"二字的含义，表明蔡元培不仅是北京大学的校长，同时也是中国的校长。说他是北大的校长，因为他是现代北大的缔造者；说他是中国的校长，因为他是中国现代大学理念和精神的缔造者与实践者。

提及蔡元培，便会想起人们熟知的"思想自由，兼容并包"的北大精神。这种精神穿越百年，一直萦绕在万千学子的魂梦里，沉淀在那个令人怀念的年代和那位包容诸家的非凡气度的蔡元培先生的精魄之中。

北大的前身是京师大学堂，培养的常是商人和为官者。大多数学生与教师仍是前清老爷式的作风，腐败已经深入北大的骨髓。顾颉刚先生这样评价当时的北大："蔡元培先生来之前，校名改了，本质并无什么变化……学校像个衙门，没有多少学术气氛。有的教师不学无术，一心只想当官；有的教师本身就是北洋政府的官僚，学问不大，架子却不小；有的教师死守本分，不容许有新思想……学生们则多是官僚和大地主子弟……毕业后大家钻营作官……这样的学校哪能出人才？只能培养出一批贪官污吏！蔡元培先生来校之前，北大搞得乌烟瘴气，哪里像什么'最高学府'？"冯友兰也曾说："当时的北大学生都想着，来上学是为了混一个资格为将来做官做准备。北大无形中是一个官僚养成所。当时法科是一个热门，因为人们认为上法科到做官是顺理成章的，文科是一个最冷的冷门，因为人们都不清楚文科究竟是干什么的。"

蔡元培对北大的改革首先是从转变教师与学生的观念开始的。他将他们从旧观念中挣脱出来，真正做到"以研究学问为天职"，真正做到发展学生与教师的个性，最大限度张扬自己的生命力。1922 年，蔡元培在《教育独立议》一文中说道："教育是帮被教育的人，给他能发展自己的能力，完成他的人格，于人类文化上能尽一份责任；不是把被教育的人，造成一种特别的器具，给有他种目的的人去应用的。所以，教育事业当完全交与教育家，保有独立的资格，毫不受各派政党教会的影响。"为此，蔡元培在北大确立了"为学术而学术""学术独立自由"的观念。对于学术，首先要自由，要有宽容的精神，也就是他所说的"兼容并包"。"对于各家学说，依各国大学通例，循思想自由原则，兼容并包。无论何种学派，苟其言之成理，持之有故，尚不达自然淘汰之命运，即使彼此相反，也听他们自由发展。"为活跃学校的学术气氛，当时的北大不仅聘请全国的知名学者，邀请像鲁迅等知名作家，而且也聘请了外籍的知名学者，还有像爱因斯坦这样的科学家。蔡元培还三顾茅庐聘请了陈独秀为文科学长以及在美国的年轻学者胡适；并将在上海的《新青年》杂志搬进校园，还创办了各种学生杂志。

兼容并包的另一层面，是对于老、中、青三代的兼容并包。蔡先生聘请任课教师，不论资排辈。有六七十岁的宿儒，也有崭露头角的青年。当时，大多数是中青年教师，有些学生的岁数甚至比教师还大。

在这样的"兼容并包"下，蔡元培把当时全国的学术权威都尽可能集中在北大，合大家的权威为北大的权威，于是北大就成为名副其实的最高学府，其权威就是全国最高的权威。因此，很自然地，在北大出现了"百花齐放、百家争鸣"的局面。

　　兼容并包具体到学科设置，体现为蔡元培"融通文理"的思想。在他担任北京大学校长期间（1917 — 1928），曾一再强调要把"文"与"理"沟通起来。他在 1934 年所写的《我在北京大学的经历》一文中回忆："那时候我又有一个理想，以为文理是不能分科的。例如文科的哲学，必植基于自然科学；而理科学者最后的假定，亦往往牵涉哲学。从前心理学附入哲学，而现在用实验法，应列入理科；教育与美学，也渐用实验法，有同一趋势，地理学的人文方面，应属文科，而地质天文等方面属理科。历史学自有史以来，属文科，而推原于地质学的冰期与宇宙生成论，则属于理科。"

　　蔡先生对于科学和哲学的关系既作了纵向的历史考察，也作了横向的异同比较。在他看来，科学与哲学都是有系统学说的，"其所异者，科学偏重归纳法，故亦谓之自下而上之学；哲学偏重演绎法，故亦谓之自上而下之学"。"哲学为一种普遍之科学，合各科学所求得之公例，为之去其互相矛盾之点，而组织为普遍之律贯。又举普遍知识之应用于各科学而为方法、为前提者，皆探寻其最高之本体而检核之。"他指明：哲学追求普遍规律，必须以自然科学为基础；而哲学作为普遍知识又必从方法、前提等根本方面对自然科学有所帮助。所以既不能离科学而治哲学，也不能离哲学而治科学，二者应互为因果，相得益彰。

　　在"融通文理"思想的感召下，1918 年，即北京大学成立 20 周年，王星拱教授开设了一门兼容文理的课程——科学概论，其讲义稿《科学方法论》由北京大学出版部出版。王星拱在序言中说："自从蔡孑民先生到北京大学之后，大学里的各部分，都极力地要革除'文理分驰'的弊病；因为文、理不能沟通，那文学哲学方面的学生，流于空谈玄想，没有实验的精神，就成些变形的举子了。

那科学工程方面的学生，只知道片段的事实没有综合的权能，就成些被动的机械了。这两种人才，都不能适应将来世界之环境。试问我国教育之目的，能说不是要造就适应世界环境的人才吗？"

当下的大学教育和学术建设，依然要从这位蔼然仁者和教育学人身上汲取更多的精神养料。

蔡元培先生的思想，必将永载史册，流芳百世！

文化感悟

1. 推荐阅读《中华优秀传统文化核心理念读本》（2012 年 10 月，学习出版社出版）一书，查找中华传统"和文化"的资料，对"和文化"的内涵和意义作初步了解。

2. 仿照"文化典籍"中第八则和第十则选文，课外再选一则科学研究和文化交流的故事，揭示故事所蕴含的义理，并写下来。

3. "文化传递"所叙蔡元培的事迹中，蔡元培认为"融通文理"是大学迫切的要务，你认为中学应当提早分科还是延缓分科？请谈谈你的看法。